AF329965

LE PETIT
CHANSONNIER
FRANÇOIS,
OU
CHOIX
DES MEILLEURES CHANSONS,
SUR DES AIRS CONNUS.

A GENÈVE.

M. DCC. LXXVIII.

AVERTISSEMENT.

IL n'eſt preſque perſonne qui ne ſe
plaiſe à chanter : mais beaucoup ne
ſont pas Muſiciens , & renoncent à
déchiffrer les airs difficiles. C'eſt à
cette derniere claſſe , dans les deux
ſexes, que ce Recueil eſt principa-
lement deſtiné. On ſe flatte cepen-
dant qu'il ne ſera pas ſans intérêt
pour les autres Amateurs de notre
Littérature & de notre Poéſie. On a
eu pour objet d'y raſſembler toutes

les jolies Chanſons qui peuvent ſe chanter ſur des airs connus : il en eſt réſulté que les meilleures Odes Anacréontiques , les meilleurs Couplets qui aient été faits dans notre Langue, y ont trouvé place ; & l'on ne craint pas d'avancer que , de tous les Recueils de Chanſons , celui - ci ſera inconteſtablement le plus agréable à lire. Il ſuffira de parcourir les noms des différens Auteurs , pour ſe convaincre qu'on a été difficile dans le choix des petits Ouvrages qui le compoſent. Les vingt - ſix volumes du

Chansonnier François , les trois de *l'Anthologie* , toutes les Pieces éparses dans les Auteurs qui ont travaillé avec succès en ce genre , ont fourni un seul volume. Depuis douze ans que *l'Anthologie Françoise* a paru , ceux de nos Poëtes qui ont le plus de réputation ont fait un grand nombre de Chansons charmantes : presque toutes sont sur des airs faciles à retenir : on les a réunies dans ce nouveau Recueil. Enfin on a eu l'attention d'entremêler les différens airs , ainsi que les Auteurs, afin de prévenir toute espece de mo-

notonie , autant qu'il a été possible.
Quant à la partie typographique , on
s'appercevra sans doute , au premier
coup-d'œil , que peu d'Ouvrages ont
été exécutés avec plus de soin.

AUTEURS MORTS.

LE

LE PETIT

CHANSONNIER

FRANÇOIS.

LE RETOUR D'IRIS.

Air : *Allons sous ces Coudrettes, &c.*

Sortez de vos retraites,
Accourez, Dieux des Bois;
Au son de nos musettes
Accordez vos hautbois;
Chantez l'objet que j'aime,
Secondez mes desirs,
Et rendez le Ciel même
Jaloux de mes plaisirs.

A

Dans ce lieu solitaire,
Iris est de retour :
Déesse de Cythère,
Célébrez ce grand jour ;
Rappellez sur ces rives
Les Amours envolés,
Les Graces fugitives,
Et les Ris exilés.

Reprenez, belle Flore,
Vos premieres couleurs ;
Couronnez-vous encore
Des plus brillantes fleurs,
Joignez-vous à Pomone
Pour embellir nos champs,
Et prêtez à l'Automne
Les beaux jours du Printems.

Sous ces tendres feuillages,
Venez, petits oiseaux ;
Accordez vos ramages
Au murmure des eaux ;
Chantez l'objet que j'aime,
Secondez mes desirs,
Et rendez le Ciel même
Jaloux de mes plaisirs.

J. B. ROUSSEAU.

A UNE PETITE FILLE
DE DOUZE ANS,

QUI avoit adreſſé un Couplet à l'Auteur.

AIR *de Joconde.*

PAULE, vous faites joliment
  Lettres & Chanſonnettes :
Quelque grain d'amour ſeulement,
  Elles ſeroient parfaites.
Quand ſes ſoins au cœur ſont connus,
  Une Muſe ſait plaire :
Jeune Paule, trois ans de plus
  Font beaucoup à l'affaire.

Vous parlez quelquefois d'amour,
  Paule, ſans le connoître :
Mais j'eſpere vous voir un jour
  Ce petit Dieu pour maître.
Le doux langage des ſoupirs
  Eſt pour vous Lettre cloſe :
Paule, trois retours de Zéphirs
  Font beaucoup à la choſe.

A 2

Si cet Enfant, dans vos Chansons,
  A des graces naïves,
Que sera-ce quand ses leçons
  Seront un peu plus vives?
Pour aider l'esprit en ces vers,
  Le cœur est nécessaire :
Trois printems, sur autant d'hivers,
  Font beaucoup à l'affaire.

La FONTAINE.

LA CONSOLATION.

AIR : *De tous les Capucins du Monde.*

MA Maîtresse en épouse un autre ;
Amis, quelle idée est la vôtre,
D'en craindre pour moi du tourment ?
Qui de nous vaut qu'on le regrette ?
Elle perd le plus tendre Amant :
Moi, je ne perds qu'une Coquette.

LES LENDEMAINS.

A I R : *Réveillez-vous , belle Endormie.*

PHILIS, plus avare que tendre,
Ne gagnant rien à refuser,
Un jour exigea de Sylvandre
Trente moutons pour un baiser.

Le lendemain, nouvelle affaire :
Pour le Berger, le troc fut bon ;
Car il obtint de la Bergere
Trente baisers pour un mouton.

Le lendemain , Philis , plus tendre,
Craignant de déplaire au Berger,
Fut trop heureuse de lui rendre
Trente moutons pour un baiser.

Le lendemain , Philis , peu sage,
Auroit donné moutons & chien
Pour un baiser que le volage
A Lisette donnoit pour rien.

DUFRESNY.

A 3

LA DISCRÉTION.

AIR : *Des simples Jeux de mon Enfance.*

Enfin la charmante Lisette,
Sensible à mon cruel tourment,
A bien voulu, dessus l'herbette,
M'accorder un heureux moment.
Pressé d'une charge si belle,
Tendre gazon, relevez-vous :
Il ne faut qu'une bagatelle,
Pour alarmer mille jaloux.

QUINAULT.

LA DOUBLE FÉLICITÉ.

A I R : *La bonne aventure , ogué.*

DEDANS mon petit réduit,
   Je vis à mon aise ;
Je n'ai qu'une table , un lit ,
   Un verre , une chaise :
Mais je m'en sers chaque jour
Pour caresser tour-à-tour
Ma Pinte & ma Mie ogué , ma Pinte & ma Mie.

Le haut dégré de grandeur
   Me fait peu d'envie ;
On y doit au spectateur
   Compte de sa vie :
Mais , dans mon obscurité ,
Je possede en liberté
Ma Pinte & ma Mie ogué , &c.

Dans tous les brillans emplois
   Qu'un sot orgueil brigue ,
On est sujet à des loix
   Dont le joug fatigue :

A 4

Pour moi, libre de tous foins,
Je prends, felon mes befoins,
Ma Pinte & ma Mie ogué, &c.

Je ne veux point des grands mots
   Être la victime ;
De la gloire des Héros,
   Je fais peu d'eftime.
N'ai-je pas affez vécu,
Quand j'ai fu mettre fur cu
Ma Pinte & ma Mie ogué, &c.

Qu'au travers de mille morts,
   Sur la terre & l'onde,
On courre aprés des tréfors
   Dans un nouveau monde ;
Je crois avoir tous les biens
Lorfque dans mes bras je tiens
Ma Pinte & ma Mie ogué, &c.

Des fimples & des métaux
   Cherchant l'analyfe,
Pour échauffer fes fourneaux
   Le fouffleur s'épuife :

Moi, souvent, sans trop souffler,
Je fais faire distiller
Ma Pinte & ma Mie ogué, &c.

La promenade & le jeu
  N'ont rien qui me pique ;
Un concert me touche peu,
  Foin de la Musique !
Je ne veux, pour m'amuser,
Que remplir & renverser
Ma Pinte & ma Mie ogué, &c.

A UNE JEUNE DEMOISELLE.

AIR de *Joconde.*

TIRCIS vous apprend des Chansons
  Où le cœur s'intéresse :
On dit qu'il y joint des leçons
  Qu'inspire la tendresse.
Craignez ce charme suborneur ;
  C'est un appât funeste :
L'oreille est le chemin du cœur,
  Et le cœur l'est du reste.

Mlle De Scudéri.

L'EMPLOI DU TEMS.

Plus inconstant que l'onde & le nuage,
Le tems s'enfuit; pourquoi le regretter?
    Malgré la pente volage
    Qui le force à nous quitter,
        En faire usage,
        C'est l'arrêter.
    Goûtons mille douceurs;
    Et si la vie est un passage,
Sur ce passage, au moins semons des fleurs.

MONCRIF.

A UNE INFIDELLE.

AIR : *Dans nos Hameaux.*

Que de chagrins, de tourmens & d'alarmes,
Ingrate Iris, tes rigueurs m'ont coûté !
Faut-il encor que je verse des larmes,
Pour déplorer ton infidélité ?

Tu me jurois une ardeur éternelle,
Et cependant tu me manques de foi :
Crois-tu trouver un amant plus fidèle ?
Il n'en est point qui t'aime autant que moi.

Ce beau Berger, à qui tu voudrois plaire,
Sent pour Philis & pour toi même ardeur :
Quand tu m'aimois, la Reine de Cythere
N'eût pas trouvé de place dans mon cœur.

Tes faux sermens & tes trompeuses larmes
N'ont pu ternir l'éclat de ta beauté :
Reviens, Iris ; en faveur de tes charmes,
Je ferai grace à ta légéreté.

CHAULIEU.

COUPLETS

SUR MADEMOISELLE *DE SACY*,

Dont le Pere venoit de publier un Traité
de l'Amitié.

AIR : *Des Fanatiques.*

SUR l'Amitié paroît au jour
  Un magnifique Ouvrage :   *Bis.*
Quoique l'Auteur, par son cœur,
  Y brille à chaque page,
Il en a fait, pour l'Amour,
  Un qui plaît davantage.

On y voit briller la douceur
  Et la délicatesse ;   *Bis.*
Toûs ses traits vont jusqu'au cœur
  Y porter la tendresse :
Bien heureux est l'Imprimeur
  Qui le met sous la presse !

PORTRAIT DE SOPHIE.

AIR : *Pour la Baronne.*

Pour Émilie,
Qu'un autre se laisse enflammer :
Si je n'avois pas vu Sophie,
Je pourrois me laisser charmer
  Par Émilie.

Sur son visage,
Mille petits trous pleins d'appas
Des Amours font le tendre ouvrage,
Sans compter ceux qu'on ne voit pas
  Sur son visage.

Sa gorge ronde
Est de marbre, à ce que je croi :
Car mortel encor, dans le monde,
N'a vu que des yeux de la foi
  Sa gorge ronde.
REGNARD.

LA CONTRADICTION.

Air *de Joconde.*

De la nature un doux penchant
    Nous porte à la tendresse ;
Et l'on dit que la loi défend
    D'avoir une Maîtresse ;
Mais la nature est foible en soi,
    Ou bien la loi trop dure :
Grands Dieux, réformez votre loi,
    Ou changez la nature !

LES RARETÉS.

AIR : *Va-t-en voir s'ils viennent, Jean.*

ON dit qu'il arrive ici
  Grande compagnie,
Qui vaut mieux que celle-ci,
  Et bien mieux choisie.
Va-t-en voir s'ils viennent, Jean,
  Va-t-en voir s'ils viennent.

Un Abbé qui n'aime rien
  Que le Séminaire ;
Qui donne aux pauvres son bien,
  Et dit son Bréviaire.
Va-t-en voir, &c.

Un Magistrat curieux
  De Jurisprudence,
Et qui, devant deux beaux yeux,
  Tient bien la balance.
Va-t-en voir, &c.

Une fille de quinze ans ,
D'Agnès la pareille ,
Qui pense que les enfans
Se font par l'oreille.
Va-t-en voir , &c.

Une femme & son époux ,
Couple bien fidèle ;
Elle le préfere à tous ,
Et lui n'aime qu'elle.
Va-t-en voir , &c.

Un Chanoine dégoûté
Du bon jus d'Octobre ,
Un Poëte sans vanité ,
Un Musicien sobre.
Va-t-en voir , &c.

Un Breton qui ne boit point ,
Un Gascon tout bête ,
Un Normand franc de tout point ,
Un Picard sans tête.
Va-t-en voir , &c.

Une

Une femme que le tems
  A presque flétrie,
Qui voit des appas naissans,
  Sans aucune envie. 
Va-t-en voir, &c.

❦

Une Belle qui cherchant
  Compagne fidelle,
La choisit en la sachant 
  Plus aimable qu'elle.
Va-t-en voir, &c.

❦

Un savant Prédicateur,
  Comme Bourdaloue, 
Qui veut toucher le pécheur,
  Et craint qu'on le loue.
Va-t-en voir, &c.

❦

Une Nonne de Long-Champs,
  Belle comme Astrée,
Qui brûle, en courant les champs,
  D'être recloitrée.
Va-t-en voir, &c.

B

Un Médecin, sans grands mots,
  D'un savoir extrême,
Qui n'envoie point aux eaux,
  Et guérit lui-même.
Va-t-en voir, &c.

Et, pour bénédiction,
  Il nous vient un Moine
Fort dans la tentation
  Comme Saint Antoine.
Va-t-en voir s'ils viennent, Jean;
  Va-t-en voir s'ils viennent.

La Motte.

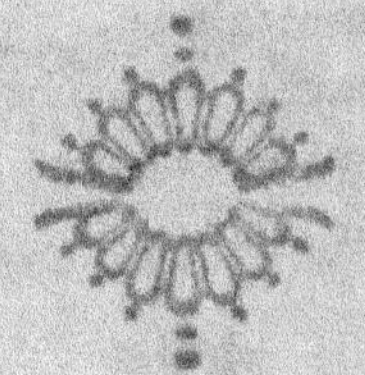

L'ANTI-RIMEUR.

AIR : *De tous les Capucins du Monde.*

TREVE aux Chanſons, ne vous déplaiſe :
Je ne ſaurois boire à mon aiſe,
Quand il faut arranger des mots.
Gardons, ſuivant l'antique uſage,
Parmi les verres & les pots,
La liberté juſqu'au langage.

Évitons toute ſervitude,
Et fuyons la pénible étude
De rimailler hors de ſaiſon.
C'eſt une plaiſante maxime,
Quand il faut perdre la raiſon,
De vouloir conſerver la rime. *MALÉZIEU.*

LA FEMME ACCOMPLIE.

AIR : *De Nina.*

RÉUNIR à des traits flatteurs,
Sans aigreur,
Sans humeur,
Mœurs,
Un cœur bon, un souris malin,
Un esprit, sans dessein,
Fin ;
Ce seroit un objet parfait :
Mais où le trouver cet objet ?
Philis entra,
L'Amour cria :
Tiens, le voilà, le voilà,
Là.

LES QUAND.

A I R : *Tout roule aujourd'hui dans le Monde.*

QUAND on trouve le vestibule
Trop ennuyeux, trop fatiguant ;
Quand, pour supplanter un émule,
On n'est pas assez intriguant ;
Quand le manege fait déplaire,
Quand on refuse d'encenser,
Quand on est trop vrai, trop sincere,
A la Cour il faut renoncer.

Quand on veut voir quelque ménage
Où l'on n'entende point gronder,
Quand on veut voir quelque partage
Où l'on s'arrange sans plaider,
Quand on veut voir veuve jolie,
Que rien ne puisse consoler,
Apprenez-moi, je vous supplie,
Dans quel pays il faut aller.

Quand, chez une fille jolie,
Je vois quelqu'un donner le ton,

B 3

Quand à lui plaire on s'étudie,
Quand jamais on ne lui dit non ;
Quand tout , jusqu'au chien de la belle ,
Pour lui devient un vrai mouton ,
Je fais qui c'est , & je l'appelle
Le pourvoyeur de la maifon.

Quand vous voyez votre fillette
Bâiller en étendant les bras ;
Quand elle eft rêveufe & diftraite ,
L'efprit toujours dans l'embarras ;
Quand elle court à la fenêtre ,
Chaque fois qu'elle entend fonner,
Maman , cela vous fait connoître
Qu'au Notaire il faut l'amener.

Quand Philis eft-elle charmée ?
Quand fa rivale a du deffous.
Quand Florife eft-elle alarmée ?
Quand elle voit fon vieux jaloux.
Quand un Auteur fait il produire ?
Quand la gaîté fait l'infpirer.
Quand voit-on les Médecins rire ?
Quand la fievre nous fait pleurer.

PANARD.

LA BELLE CURIEUSE.

AIR *de Joconde.*

Vous voulez, par une Chanson,
  Connoître ma tendresse,
Et que je vous dise le nom
  De celle qui me blesse :
Grand Dieu ! qu'en vous obéissant,
  Mon plaisir est extrême,
Puisque je trouve le moment
  De vous nommer vous-même !

Je ne saurois, de bonne foi,
  Faire ni vers ni prose ;
Mais, belle Iris, permettez-moi
  De vous faire autre chose.
A cela près, & de bon cœur,
  Je vais vous satisfaire.
Je voudrois vous... n'ayez pas peur ;
  Ce n'est rien que vous plaire.

B 4

LE MOIS DE MAI.

AIR *des Triolets.*

LE premier jour du mois de Mai
Fut le plus heureux de ma vie :
Je vous vis & je vous aimai
Le premier jour du mois de Mai.
Le beau dessein que je formai !
Si ce dessein vous plût, Sylvie,
Le premier jour du mois de Mai
Fut le plus heureux de ma vie.

RANCHIN.

LA PRÉVOYANTE.

Vous me grondez d'un ton sévere,
D'avoir, malgré votre leçon,
L'autre jour, dans notre maison,
Reçu, même écouté Valere ;
Il reviendra ce soir, je crois,
Maman ; grondez-moi pour deux fois.

Le nom d'amour, qui m'effarouche,
Il me le fait si bien goûter,
Qu'on jureroit, à l'écouter,
Qu'il est innocent dans sa bouche.
Il reviendra, &c.

Il me conjure avec instance
De lui laisser prendre un baiser ;
Me taire, c'est le refuser :
Mais il n'entend pas mon silence.
Il reviendra, &c.

Je devrois fuir ce téméraire,
Pour agir selon vos desirs ;

Mais, quand on ne sent que plaisirs,
Comment bien marquer sa colere ?
Il reviendra, &c.

En vain, contre un amant si tendre,
De vos leçons je veux m'aider ;
Il a l'art de persuader
Mieux que vous ne savez défendre.
Il reviendra ce soir, je crois,
Maman ; grondez-moi pour deux fois.

LE TÊTE-A-TÊTE.

A I R : *Ne v'là-t-il pas que j'aime.*

QUE tête-à-tête on est heureux
Avec l'objet qu'on aime !
Lorsque l'on croit n'être que deux,
L'Amour fait le troisieme.

LA RECRUE,

Couplets à la Femme d'un Officier qui enrôloit des Hommes pour son Mari.

A I R *du Prévôt des Marchands.*

Vous faites des Soldats au Roi :
Iris, est-ce là votre emploi ?
Pour vous en épargner la peine,
Que l'on assemble seulement
Ceux qu'Amour met dans votre chaîne,
Et vous aurez un Régiment.

J'y veux entrer, & que l'argent
Ne soit point mon engagement.
Je n'ai point l'ame mercenaire ;
D'un seul baiser faites les frais :
Enrôlé par ce doux salaire,
Je ne déserterai jamais.

Mais n'allez pas, pour contester,
A la taille vous arrêter.

Petit ou grand, cet avantage
A la valeur n'ajoute rien;
C'est du cœur que part le courage;
Quand on aime, on sert toujours bien.

Racine le fils.

L'ORIGINE DE LA NOBLESSE.

Air *de Joconde.*

D'Adam nous sommes tous enfans,
  La preuve en est connue,
Et que tous nos premiers parens
  Ont mené la charrue :
Mais las de cultiver enfin
  La terre labourée,
L'un a dételé le matin,
  L'autre l'après-dînée.

Coulange.

L'ISLE DE CYTHERE.

A i r : *L'Amour, la nuit & le jour.*

C'est un charmant pays
Que l'Isle de Cythere ;
Allons-y, mon Iris,
Tout à notre aise faire
   L'amour
  La nuit & le jour.

Point de nouveaux impôts
Dans l'Isle de Cythere,
Sinon sur des lourdeaux
Qui ne savent pas faire
  L'amour, &c.

Point de nouvel Edit
Dans l'Isle de Cythere ;
La seule loi qu'on suit
N'ordonne que de faire
  L'amour, &c.

Point de Prince ni Roi
Dans l'Isle de Cythere ;
Demain ce sera toi,
Si tu fais le mieux faire
L'amour, &c.

Querelles ni procès
Dans l'Isle de Cythere :
Car à moitié de frais
Tous sont d'accord de faire
L'amour, &c.

Point de mal ni de mort
Dans l'Isle de Cythere,
Sinon d'un noble effort
Qui viendroit de trop faire
L'amour, &c.

Pourfuites ni Sergens
Dans l'Isle de Cythere :
Que prendre à deux Amans
Qui n'ont que de quoi faire
L'amour, &c.

Ni cachot ni prifon
Dans l'Isle de Cythere :

On donne un autre nom
Au lieu où l'on va faire
    L'amour, &c.

Point de sang répandu
Dans l'Isle de Cythere,
Qu'un peu; mais il est dû,
Quand on commence à faire
    L'amour, &c.

Point de froid ni d'hiver
Dans l'Isle de Cythere :
Quand l'un est bien couvert,
L'autre s'échauffe à faire
    L'amour, &c.

Drogues ni Charlatans
Dans l'Isle de Cythere :
Car rien ne purge tant
Que de faire & refaire
    L'amour, &c.

Point d'austeres leçons
Dans l'Isle de Cythere ;
Meres & filles ont
Même desir de faire
    L'amour, &c.   *Vergier.*

A UN MAUVAIS PLAISANT.

AIR : *De tous les Capucins du Monde.*

QUAND vous vous efforcez de plaire,
On croit voir l'âne contrefaire
Le petit chien vif & coquet ;
Et si vous vous contentiez d'être
Un sot, comme Dieu vous a fait,
On craindroit moins de vous connoître.

ROUSSEAU.

LE PORTRAIT DE CÉLIMÈNE.

AIR *des Trembleurs.*

POUR peindre d'après nature
Célimène en miniature,
Il faudroit que la Peinture
Pût exprimer, à la fois,
D'une Nymphe le corsage,
D'une Grace le visage,
D'une Muse le langage,
D'une Sirène la voix.

MA

MA MIE.

A I R : *Nous jouissons dans nos Hameaux.*

Q u i par fortune trouvera
  Nymphes dans la prairie
Celle qui le plus lui plaira ,
  Tenez , c'est bien ma Mie.
Si quelqu'une vient à danser ,
  Et d'une grace telle
Qu'elle ne fait les fleurs verser,
  Hé bien ! c'est encore elle.

Si quelqu'un dit avec serment :
  Je donnerois ma vie ,
Pour être aimé rien qu'un moment ;
  Tenez , c'est de ma Mie.
Si quelqu'autre suit sans espoir
  La Nymphe qu'il adore ,
Content du charme de la voir ,
  Hé bien ! c'est elle encore.

Églé vint aux jeux de Cérès ,
  Et fut d'abord suivie ;

C

Églé revint le jour d'après :
  On ne vit que ma Mie.
Si quelque Nymphe a le crédit
  D'être toujours nouvelle
A vos yeux comme à votre esprit,
  Tenez ! c'est toujours elle.

L'autre matin, sous ces buissons,
  Une Nymphe jolie
Me dit : J'aime tant vos Chansons !
  Je dis : C'est pour ma Mie.
Pour célébrer ses doux attraits,
  Fait-on Chanson nouvelle ?
En y songeant, l'instant d'après,
  On chante encor pour elle.

Je lui fais maint adorateur,
  Et n'en ai jalousie ;
Amour a mis tout mon bonheur
  Dans celui de ma Mie.
Que serviroit de m'alarmer ?
  La chose est naturelle ;
Amour l'a faite pour charmer,
  Et nous pour n'aimer qu'elle.

Prendre ainſi le doux nom d'Amant,
  Flatte ma fantaiſie :
Elle me plait uniquement ;
  Je l'appelle ma Mie :
Mais ſi j'étois la Déité
  Qui la forma ſi belle ,
Je croirois n'avoir mérité
  Que d'être enchanté d'elle.

DE MONCRIF.

LE PRIX DE LA CONSTANCE.

AIR *des Triolets.*

L'HONNEUR de paſſer pour conſtant
Ne vaut pas la peine de l'être.
Doit-on briguer ſincérement
L'honneur de paſſer pour conſtant ?
Près de l'objet le plus charmant ,
C'eſt bien aſſez de le paroître.
L'honneur de paſſer pour conſtant
Ne vaut pas la peine de l'être.

PAVILLON.

LA COQUETTERIE.

AIR *de Joconde.*

IRIS, vous connoîtrez un jour
　Le tort que vous vous faites :
Le mépris suit de près l'amour
　Qu'inspirent les Coquettes.
Cherchez à vous faire estimer,
　Plus qu'à vous rendre aimable :
Le faux honneur de tous charmer
　Détruit le véritable.

FENELON.

VAUDEVILLE.

J'OBTIENS ta main, ma chere Agathe :
Ah ! qu'un pareil bonheur me flatte !
Ce jour va combler mon espoir :
S'il faut qu'après l'hymen s'ensuive
Quelque échec qu'on ne peut prévoir,
Hélas ! du moins que ça m'arrive,
 Sans le savoir.

La Dame, ainsi que la Bergere,
Également cherchent à plaire,
Et s'occupent de cet espoir.
A Paris, la moindre Grisette
En fait un art matin & soir :
Mais au Village, on est Coquette,
 Sans le savoir.

Je fus toujours simple & novice :
Mais souvent dans le précipice
Je tombe sans m'appercevoir.
Si jamais je te fais injure,
Colin, ne va pas m'en vouloir ;
Car ce sera, je te le jure,
 Sans le savoir.

C 3

Sans nous parler de sa tendreſſe,
Un jeune Amant nous intéreſſe,
Et l'on s'accoutume à le voir :
Petit-à-petit son langage
Sur notre cœur prend du pouvoir ;
Et c'est ainſi que l'on s'engage
　　Sans le savoir.

Un tendre Amant à sa Bergere
Dérobe une faveur légere ;
C'eſt un baiſer qu'il veut avoir :
Enſuite il oſe davantage ;
Le cœur commence à s'émouvoir ;
La tête tourne à son langage ,
　　Sans le savoir.

Iris dormoit ſur la fougere ;
Un jeune Berger téméraire
Voyant voltiger son mouchoir :
L'occaſion me favoriſe ;
Faiſons , dit-il , notre devoir ;
La pauvre enfant ſe trouva priſe ,
　　Sans le savoir.

LA BELLE DORMEUSE.

AIR : *Réveillez - vous , belle endormie.*

Réveillez-vous , belle Dormeuse ,
Si ce baiser vous fait plaisir ;
Ou , si vous êtes scrupuleuse ,
Dormez , ou feignez de dormir.

❦❦

Craignez que je ne vous éveille ;
Favorisez ma trahison.
Vous soupirez ! … Votre cœur veille ;
Laissez dormir votre raison.

❦❦

Souvent , quand la raison sommeille ,
On aime sans y consentir ,
Pourvu qu'Amour ne nous éveille
Qu'autant qu'il faut pour le sentir.

❦❦

Si je vous apparois en songe ,
Jouissez d'une douce erreur :
Goûtez les plaisirs du mensonge ,
Si la vérité vous fait peur.

DUFRESNY.
C 4

L'ENCHANTEMENT.

A I R : Quand vous entendrez le doux Zéphir.

Tout plaît, tout rit, tout charme en ces lieux,
Lorsque j'y vois l'objet que j'adore :
Ils semblent emprunter de ses yeux
    L'éclat qui les décore.
        Ces fleurs, ces eaux,
        Le chant des oiseaux,
        Du tendre Zéphir
        L'amoureux soupir,
        Ces verds feuillages,
        Ces frais ombrages,
        Tout peint le plaisir.
Dès qu'elle part, la fleur se flétrit,
Le rossignol cesse son ramage ;
La seule tourterelle gémit
    Dans ce triste bocage.

L'ÉPICURIEN.

L'AUSTERE Philofophie,
En contraignant nos defirs,
Prétend que, dans cette vie,
Il n'eft point de vrais plaifirs.
Je renonce à ce fyftème :
Dieux ! n'en foyez point jaloux !
Dans les bras de ce que j'aime,
Suis-je moins heureux que vous ?

Eh quoi ! m'avez-vous fait naître
Avec des fens fuperflus ?
Pour avoir le plaifir d'être,
Faut-il que je ne fois plus ?
Je renonce à ce fyftème :
Dieux ! n'en foyez point jaloux !
Dans les bras de ce que j'aime,
Suis-je moins heureux que vous ?

D'un bonheur imaginaire ,
Je ne repais point mon cœur,
Lorfque le préfent peut faire
Mon unique & vrai bonheur.

Voilà quel est mon système :
Dieux, devenez-en jaloux ;
Dans les bras de ce que j'aime,
Je suis plus heureux que vous.

Attribué au RÉGENT.

---

*A LA PRINCESSE DE C**,*

DONT le Roi de Maroc étoit devenu amou-
reux, sur son Portrait.

AIR : *De tous les Capucins du Monde.*

VOTRE beauté, grande Princesse,
Porte les traits dont elle blesse
Jusques aux plus sauvages lieux ;
L'Afrique avec vous capitule ;
Et les conquêtes de vos yeux
Vont plus loin que celles d'Hercule.

ROUSSEAU.

LA MORALE DE L'AMOUR.

AIR : *Et voilà commé , & voilà justement.*

NE point s'engager sur le champ,
Aimer quelqu'un qui puisse être estimable,
  Chercher, dans un tendre penchant,
  Un objet moins beau que touchant ;
  Pour le charmer se rendre aimable,
Le lui prouver sans trop d'empressement,
Et voilà comme , & voilà justement
Comme il faut que l'on soit en aimant.

  De tout caprice hors de saison,
De vains soupçons & de toute humeur noire
  Éviter le fatal poison,
  Pour le cœur & pour la raison ;
  N'être jaloux que de la gloire
D'aimer le mieux & le plus ardemment,
Et voilà comme , &c.

  Vouloir que , sur tous nos plaisirs,
Ce soit la sagesse qui nous éclaire ;
  Deviner jusques aux desirs
  Du tendre objet de nos soupirs ;
  Borner son triomphe à lui plaire,
Et son bonheur à l'aimer constamment,
Et voilà comme , &c.

Être vif & refpectueux
Auprès de la Beauté qui nous engage,
Être fage & voluptueux,
Plaire fans être faftueux,
Faire parler, dans fon langage,
Beaucoup moins l'efprit que le fentiment,
Et voilà comme , &c.

Comme le délicat Buveur
Sait ménager une liqueur charmante,
Pour mieux goûter chaque faveur,
Économifer fon ardeur,
Sur les foibleffes d'une Amante
Fermer les yeux, même en la foumettant,
Et voilà comme , &c.

Varier fes amufemens,
Et des neuf Sœurs favoir fuivre les traces;
Marquer, orner tous fes momens
Par quelques nouveaux agrémens;
Faire des talens & des graces
Et des amours l'heureux affortiment,
Et voilà comme , & voilà juftement
Comme il faut que l'on foit en aimant.

L'AMOUR AU VILLAGE.

AIR : *Musette de Naïs.*

A NOTRE bonheur l'Amour préside ;
C'est lui qui nous choisit nos Bergers :
Des ornemens du temple de Gnide ,
Il décore nos riants vergers.
C'est là qu'il reçoit nos sacrifices ,
    Sous les doux auspices
    Des tendres desirs ;
Et sur les autels l'encens qui fume ,
    Jamais ne s'allume
    Que par nos soupirs.

Du fragile agrément d'être belle ,
Nous ne tirons point de vanité ;
Chez nous les attraits d'un cœur fidèle
L'emportent sur ceux de la beauté.
Aussi nos Bergers , dans leur hommage ,
    N'ont point le langage
    Des trompeurs Amants :
Leur talent est de peindre à notre ame
    Leur sincere flamme
    Par les sentimens.

Nous ignorons les tristes alarmes ;
Aux tourments notre cœur est fermé :
Si notre Berger répand des larmes,
C'est du plaisir de se voir aimé.
Plus il est sûr de notre tendresse,
　　Et plus il s'empresse
　　De la mériter.
Le feu délicat qui nous anime,
　　Nourri par l'estime,
　　Ne fait qu'augmenter.

Aux douceurs d'une juste espérance,
Un Berger constant peut se livrer ;
L'instant vient où notre résistance
Dans de vrais plaisirs doit expirer.
Mais l'Amant a qui l'on rend les armes,
　　Des vives alarmes
　　Sait nous préserver ;
Et plus ardent après la victoire,
　　Il trouve sa gloire
　　A la conserver.

Vadé.

SUR L'ABBÉ CHAULIEU.

AIR : *Voilà-t il pas que j'aime ?*

J'AI couru chez le pauvre Abbé ;
  Il est sur la litiere ,
Martyr du fils de Sémelé
  Et du Dieu de Cythère.

❦

Les Amours , auprès étendus ,
  Qu'avec lui l'on vit naître ,
Disent : Nous ne servirons plus ;
  C'est notre dernier maître.

❦

L'un lit , pour charmer son repos ,
  Les Annales sacrées
Où les mysteres de Paphos
  Et ses loix sont gravées.

❦

Ils chantent cet art séducteur
  Si cher à sa mémoire ,
A qui Chaulieu dut son bonheur ,
  Et qui lui doit sa gloire.

Le Président HÉNAUT.

SOPHIE.

A I R : *Babet m'a su charmer.*

IL est une Sophie,
Oncq il n'en sera d'autre ;
Ravissant d'un souris
Mon ame, aussi la vôtre.
Eussiez-vous cent ans,
Fussiez-vous cinq cens,
Et tout le monde encore ;
Quand son regard tant doux verrez,
Son parler divin entendrez,
De bouche & de cœur lui direz :
Tenez ! je vous adore:
Tenez ! je vous adore.

DE MONCRIF.

L'AVIS

L'AVIS MAL RÉCOMPENSÉ.

Air : Mon petit doigt me l'a dit.

ARRÊTEZ, jeune Bergere ;
Je suis un Amant sincere :
Un Amant vous fait-il peur ?
Je n'ai qu'un mot à vous dire,
Et tout ce que je desire,
C'est de vous tirer d'erreur.

Le tems vous poursuit sans cesse ;
L'éclat de votre jeunesse
Sera bientôt effacé :
Le tems détruit toutes choses,
Et l'on ne voit plus de roses,
Quand le printems est passé.

Un peu de tendre folie
Fait d'une fille jolie
Le plaisir & le bonheur ;
Et dans le déclin de l'âge,
Un dehors fier & sauvage
Lui rend la gloire & l'honneur.

D

Par cette leçon fidelle,
Tircis preſſoit une Belle
D'avoir pitié de ſon mal ;
Son diſcours la rendit ſage :
Mais elle n'en fit uſage
Qu'au profit de ſon rival.

ROUSSEAU.

LA JEUNESSE PROLONGÉE.

AIR de Joconde.

IL vous ſied bien, charmante Iris,
  De calculer votre âge,
Lorſque les Graces & les Ris
  Sont ſur votre viſage !
Votre teint vif eſt du printems
  Une image fidelle :
C'eſt ſavoir arrêter le tems
  Que d'être toujours belle.

Madame DE SAINTONGE

LA PROMESSE MAL GARDÉE.

AIR *des Folies d'Espagne.*

JE l'adorois cette jeune Zélie :
Aimant si bien, j'avois su l'enflammer.
Elle a changé ; je sens que je l'oublie :
Amour, Amour, je ne veux plus aimer.

* * *

Ah ! j'étois né pour brûler de ta flamme,
Et ce penchant ne sert qu'à m'alarmer :
Ne m'offre rien qui séduise mon ame ;
J'aimerois trop : je ne veux plus aimer.

* * *

Foible mortel, quelle crainte importune,
Me dit le Dieu ! vois, pour te mieux charmer,
J'ai rassemblé les trois Graces en une :
N'importe, Amour, je ne veux plus aimer.

* * *

Thêmire alors à mes yeux se présente,
Telle qu'Amour prit soin de la former ;
Je m'écriai : Sans doute elle est charmante ;
Mais, c'en est fait ! je ne veux plus aimer.

* * *

Oui, du printems c'est l'image embellie ;
C'est, je le vois, mais comment l'exprimer ?
Flore, Vénus, Minerve & la Folie :
Heureusement je ne veux plus aimer.

De l'univers je la verrois suivie ;
A ses rivaux peut-on s'accoutumer ?
A l'admirer je passerai ma vie ;
C'est bien assez ; je ne veux plus aimer.

Oui, dit l'Amour, viens, suis toujours Thémire ;
Sur le péril je saurai te calmer ;
A chaque instant j'aurai soin de te dire :
Daphnis, au moins il ne faut pas l'aimer.

Par quels conseils me laissois-je séduire ?
Contre ses droits, l'Amour peut-il s'armer ?
L'enfant malin ! Je le voyois sourire,
Quand je disois : Je ne veux plus aimer.

Depuis ce jour, sans vouloir m'en défendre,
De tous ses feux je me sens consumer ;
Belle Thémire, ai-je pu m'y méprendre ?
Vous avoir vue, hélas ! c'est vous aimer.

DE MONCRIF.

LES SOUHAITS.

AIR : *Réveillez-vous, belle Endormie.*

QUE ne suis je la fleur nouvelle
Qu'au matin Climène choisit,
Qui, sur le sein de cette Belle,
Passe le seul jour qu'elle vit!

Que ne suis-je le doux Zéphire,
Qui flatte & rafraîchit son teint,
Et qui pour ses charmes soupire
Aux yeux de Flore, qui s'en plaint!

Que ne suis-je l'oiseau si tendre,
Dont Climène aime tant la voix,
Que même elle oublie, à l'entendre,
Le danger d'être seule au bois!

Que ne suis-je cette onde claire
Que, contre la chaleur du jour,
Dans son sein reçoit ma Bergere
Qui se croit la mere d'Amour.

D 3

Dieux ! si j'étois cette fontaine !
Que bientôt mes flots enflammés...
Pardonnez : je voudrois, Climène,
Être tout ce que vous aimez.

LA MOTTE.

A MADAME **.

AIR de *Joconde.*

POURQUOI vous offrir à nos yeux
  Si brillante & si belle ?
L'éclat qui vous suit en tous lieux
  N'est pas d'une mortelle :
L'Amour emprunte vos attraits,
  Pour faire des conquêtes,
Et laisse reposer ses traits
  Dans les lieux où vous êtes.

HAMILTON

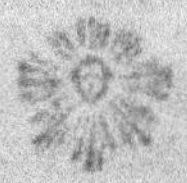

LE DÉPART.

IL est donc vrai, Lucile,
Vous quitrez ce hameau !
Cherchez-vous à la ville
Quelque hommage nouveau ?
L'Amant qui fait entendre
Un langage apprêté,
Vaut-il un Berger tendre,
Qui dit la vérité ?

Vous verrez sur vos traces
Voler mille Galants,
Qui vanteront vos graces,
Qui peindront leurs tourmens.
C'est l'art qui les inspire,
Et non le sentiment :
Moi, j'ose à peine dire
Que j'aime tendrement.

A l'air qu'ils font paroître,
Quand ils offrent leur foi,
Vous les croiriez peut-être
Aussi tendres que moi ;

D 4

Leur vanité, Bergere,
Allume tous leurs feux :
Je n'ai ni l'art de plaire,
Ni de tromper comme eux.

PLUMETEAU.

LE PROCÈS.

AIR *des Triolets.*

Si je ne gagne mon Procès,
Vous ne gagnerez pas le vôtre ;
Vous n'aurez pas un bon succès,
Si je ne gagne mon Procès.
Vous avez chez moi libre accès :
J'en demande chez vous un autre.
Si je ne gagne mon Procès,
Vous ne gagnerez pas le vôtre.

DE LA MONNOIE.

LES PORTRAITS A LA MODE.

OBLIGER sans réserve & sans éclat,
En s'expliquant s'épargner un combat,
Chérir la vertu, respecter l'Etat,
  C'étoit la vieille méthode :
Dans ce monde ne regarder que soi,
S'egorger pour un mot, railler la Foi,
Fouler les mœurs & transgresser la loi,
  Voilà les hommes à la mode.

N'aimer que son époux, & l'aimer bien,
De la décence observer le maintien,
Quand on la blessoit, changer l'entretien,
  C'étoit la vieille méthode :
Tromper mille amans & sans beaucoup d'art,
Étaler sa honte sur un rempart,
Et ne plus rougir qu'à l'aide du fard,
  Voilà les femmes à la mode.

De sa maman suivre les sages loix,
Pour aimer attendre son goût, son choix,
A sa cadette céder quelquefois,
  C'étoit la vieille méthode :

D'un tas d'étourdis respirer l'encens,
A coquetter perdre ses plus beaux ans,
Chasser les épouseurs par les galans,
  Voilà les filles à la mode.

❧

Pour débrouiller de ténébreux procès,
Fils de Thémis, hors le tems du Palais,
Restoient tout le jour dans leurs cabinets,
  C'étoit la vieille méthode :
Ne connoître que de nom le Barreau,
Ceindre l'épée ou l'élégant couteau,
Quitter Cujas pour courir à Rameau,
  Voilà les Robins à la mode.

❧

Petits Collets sans ostentation,
Loin du fracas & de l'ambition,
Se renfermoient dans leur profession,
  C'étoit la vieille méthode :
Laisser la pénitence & le travail,
Des ris, des jeux composer un bercail,
Près d'un tendron jouer de l'éventail,
  Voilà les Abbés à la mode.

❧

D'un art divin ne point faire un métier,
Lire avec fruit, toujours étudier,
Voir la nature pour la copier,
  C'étoit la vieille méthode :

A-peine fortant d'être régenté,
Prendre pour Muſe la futilité,
Écrire fans nerf & fans vérité,
   Voilà les Auteurs à la mode.

De la fatyre éviter le poiſon,
Ne rien péſer qu'au poids de la raiſon,
Rejetter le mauvais, goûter le bon,
   C'étoit la vieille méthode :
Être moins juſte, moins fin que méchant,
Enlaidir tout par un jaloux penchant,
Et prodiguer l'injure pour l'argent,
   Voilà le Cenfeur à la mode.

Sur un Théâtre fans gêne, aiſément
De l'expreſſion montrer l'ornement,
D'après fon cœur rendre le fentiment,
   C'étoit la vieille méthode :
Rétrécir fon ame fous le compas,
Hauſſer & baiſſer lentement un bras,
Marcher par bonds, réciter par éclats,
   Voilà les Acteurs à la mode.

A UNE DAME,

En lui envoyant une Pierre antique.

AIR : *Du haut en bas, &c.*

Sous ce cachet,
Tu peux m'écrire sans scrupule.
Sous ce cachet ;
L'Amour le fit pour le secret :
Il le grava du tems de Jule.
Lesbie (*) écrivoit à Catulle,
Sous ce cachet.

Le Préfident HÉNAUT.

(*) *Lesbie , Dame Romaine , Maîtreſſe de Catulle.*

LES DEUX SŒURS.

AIR *de Joconde.*

AH ciel! quel beau couple de Sœurs
  A mes yeux se presente !
Que d'écueils pour de jeunes cœurs !
  L'une & l'autre est charmante.
Mais, sans mettre en comparaison
  Leur beauté peu commune,
Soit par sympathie ou raison,
  J'aimerois mieux la Brune.

La cadette a pourtant le prix
  Par un autre mérite ;
Les Graces, les Jeux & les Ris
  Badinent à sa suite :
L'Agrément, joint à la Beauté,
  Enchante tout le monde ;
Et je crois que, tout bien compté,
  J'aimerois mieux la Blonde.

Ah! que l'aînée a de beaux yeux !
  Quelle charmante bouche !
Que son sourire est gracieux
  Tous les cœurs elle touche !

Son férieux même fera
  Quelque jour la fortune,
De l'heureux époux qu'elle aura :
  J'aimerois mieux la Brune.

Mais, quand je regarde de près
  Son aimable cadette,
Je fens balancer mes fouhaits :
  Qu'elle eft belle & bien faite :
Sa blancheur efface les lis,
  Sa taille eft fans feconde :
Du premier choix je me dédis :
  J'aimerois mieux la Blonde.

Comme un fer entre deux aimants
  Demeure en équilibre,
Mon cœur, entre vous balançant,
  D'aucun côté n'eft libre.
Si l'on me donnoit à choifir
  De cœurs comme les vôtres,
Je dirois, de peur de faillir,
  J'aimerois l'une & l'autre.

L'ASYLE DE L'AMOUR.

AIR : *Sortez de vos retraites.*

ALLONS sous ces coudrettes,
Allons-y deux à deux,
Conter nos amourettes,
Jouer aux plus doux jeux :
Les gazons de verdure
Sont des lits si charmans !
La prudente Nature
Les fit pour les Amans.

Amour, de nos bocages,
Écarte les jaloux ;
Épaissis ce feuillage,
Pour tromper leur courroux.
Apprenez à vous taire
Au bruit de nos soupirs ;
Echos, c'est le mystere
Qui préside aux plaisirs.

Cherchez d'autres retraites,
Vous, qui craignez d'aimer ;
Le son de nos musettes
Toujours fait nous charmer :

L'air qu'ici l'on respire
Fait naître plus d'ardeurs,
Que Flore & le Zéphire
N'y font naître de fleurs.

A UNE CÉLEBRE ACTRICE.

AIR : *De tous les Capucins du Monde.*

CETTE Actrice, en tout accomplie,
Sur la Scène se multiplie
Avec tant d'art & d'agrément,
Qu'on peut éprouver, quand on l'aime,
Tous les plaisirs du changement
Jusques dans la constance même.

ROUSSEAU.

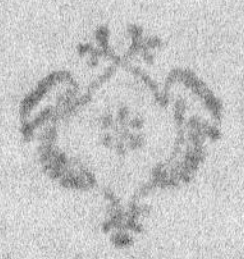

COUPLETS

COUPLETS

Adressés à une Princesse, à la fin du Bal
de l'Opéra.

AIR *de Joconde.*

Quoi! j'aurois pu vous amuser,
  Adorable Princesse !
Que ne puis-je me déguiser,
  Pour vous parler sans cesse !
Tout mon esprit est dans vos yeux :
  Le desir de vous plaire
A mis deux fois au rang des Dieux
  Un mortel ordinaire.

Si j'ai pu vous inquiéter,
  Pardonnez mon audace ;
Je me flatte de mériter
  Que vous me fassiez grace :
Mon crime fût-il des plus grands,
  Mon repentir l'efface ;
Et l'hommage que je vous rends,
  Me remet à ma place.

E

Cette prompte nuit va finir
  Ma brillante aventure ;
De mon bonheur le souvenir
  Deviendra ma torture.
Je vous verrai, fille des Dieux,
  Au féjour du tonnerre :
Vous allez rentrer dans les cieux ;
  Je refte fur la terre.

L'Abbé de la Marre.

NICODÈME.

BAISE-MOI donc, me difoit Blaife.
Nenni ! nenni ! je ne fuis pas fi niaife ;
Ma mere me le défend bien.
Mais voyez ce grand Nicodème !
Sa mere ne lui défend rien :
Que ne me baife-t-il lui-même !

Autreau.

L'AMOUR RÉVEILLÉ.

AIR : *Réveillez - vous , belle endormie*

DANS un bois solitaire & sombre,
Je me promenois seul un jour ;
Un enfant y dormoit à l'ombre :
C'étoit le redoutable Amour.

J'approche, sa beauté me flatte ;
Mais j'aurois dû m'en défier :
J'y vis tous les traits de l'ingrate
Que j'avois juré d'oublier.

Il avoit la bouche vermeille,
Le teint aussi vif que le sien :
Un soupir m'échappe... il s'éveille ;
L'Amour se réveille de rien.

Aussi-tôt, déployant ses ailes,
Et saisissant son arc vengeur,
D'une de ses fleches cruelles,
En partant, il me blesse au cœur.

E 2

Va, dit-il, aux pieds de Sylvie,
De nouveau languir & brûler :
Tu l'aimeras toute ta vie,
Pour avoir osé m'éveiller.

La Motte.

LE PORTRAIT DU DIABLE.

Air : *Quoi! ma Voisine, est-tu fâchée?*

IL a la peau d'un rot qui brûle,
 Le front cornu,
Le nez fait comme une virgule,
 Le pied fourchu,
Le fuseau dont filoit Hercule
 Noir & tortu,
Et, pour comble de ridicule,
 La queue au cu.

Piron.

LE CHOIX.

AIR : *J'aime une ingrate Beauté.*

L'AMOUR venant m'embraſſer
Au fond d'un bois ſolitaire,
Dit : Je veux récompenſer
Ton cœur fidéle & ſincére.
  Mon pouvoir partagé
  En ſera le ſalaire ;
  Vois, dans tout ce que j'ai,
  Ce qui pourroit te plaire.

Ton cœur veut-il voltiger ?
Je t'abandonne mes ailes.
—Non, je ne veux point changer ;
J'aime la Reine des Belles.
  —Accepte donc mes traits :
  —Eh ! qu'en pourrois-je faire ?
  Je renonce aux attraits
  De toute autre Bergere.

—Mon flambeau te plaît-il mieux ?
—J'ai tout ſon feu dans mon ame ;
Pour moi l'objet de mes vœux
Brûle de la même flamme.

E 3

Que puis-je defirer ?
N'ai-je pas la richeffe ,
Quand je fais foupirer
Mon aimable Maitreffe ?

Je n'ai plus que mon bandeau ,
Me dit-il avec colere :
C'eft le préfent le plus beau
Que l'Amour puiffe te faire.
Si d'infidélité
Ta Bergere eft capable ,
Qu'il t'ôte la clarté
Et cache la coupable.

LES PROBLÊMES.

A i r : *Tout roule aujourd'hui dans le monde.*

Qui des deux est le plus à plaindre,
De la Veuve ou de l'Orphelin ?
Qui des deux est le plus à craindre,
De la fievre ou du Médecin ?
Du Plumet ou de la Coquette,
Lequel fait mieux l'art de changer ?
L'égalité semble parfaite ;
L'affaire est encore à juger.

❖❖

Les Gens de Robe & de Finance
Dans leurs métiers sont différens :
Mais ils ont une ressemblance,
C'est qu'ils vivent à nos dépens.
Qui des deux fait mieux nous détruire ?
Qui des deux fait mieux nous ronger ?
C'est ce que je ne puis vous dire ;
L'affaire est encore à juger.

❖❖

Il est des chevaux qui promenent,
Il en est qui sont promenés ;
Combien en voyons-nous qui trainent ?
Combien en est-il de trainés ?

C'est un calcul qu'en cette ville
Maint chiffreur voudroit arranger :
Mais l'ouvrage est trop difficile ;
L'affaire est encore à juger.

Lorsque , dans l'amoureux mystere ,
Deux jeunes & tendres Amans
D'un feu mutuel & sincere
Ressentent les transports charmans ,
Qui des deux goûte davantage
Le doux plaisir de s'engager ?
Sont-ils égaux dans leur partage ?
L'affaire est encore à juger.

Trois suppôts d'humeur mercenaire ,
Huissier , Procureur & Greffier ,
Furent , par les Dieux en colere ,
Destinés pour nous châtier.
Qui des trois a la main plus libre ,
Plus adroite pour vendanger ?
La balance est en équilibre ;
L'affaire est encore à juger.

De Canente & de Cythérée ,
Philis réunit les attraits ;
Sa voix , en tout lieu admirée ,
Nous enchante autant que ses traits :

Est-ce à la voir, est-ce à l'entendre,
Que l'on court le plus de danger ?
C'est ce qu'aucun n'a pu m'apprendre ;
L'affaire est encore à juger.

PANARD.

L'ENTREPRISE DIFFICILE.

AIR *des Triolets.*

GARDER son cœur & son troupeau,
C'en est trop pour une Bergere :
Qu'on a de peine, quand il faut
Garder son cœur & son troupeau !
Quand tous les Bergers du hameau
Et tous les loups lui font la guerre,
Garder son cœur & son troupeau,
C'en est trop pour une Bergere.

RANCHIN.

LE CONTRAT.

AIR : *De tous les Capucins du monde.*

PARDEVANT le Dieu de Cythere,
Qui, pour le moins, vaut un Notaire,
Iris, voulez-vous contracter
Une promesse respective,
Moi de vivre pour vous aimer,
Vous de m'aimer pour que je vive ?

De tout mon cœur je sacrifie
A tous les plaisirs de la vie ;
Le bonheur d'être aimé de vous,
Sur quelque espoir que l'on se fonde,
Est le moindre péché de tous,
Et le plus grand plaisir du monde.

DUFRESNY.

LA NOUVELLE LESBIE.

AIR : *Nous jouiſſons dans nos Hameaux.*

CATULLE a tant imaginé
 D'attraits dans ſa Lesbie,
Que je crois qu'il a deviné
 Comment feroit ma Mie.
Qui veut tracer fidélement
 Des Graces le modéle,
N'a qu'à venir tout uniment
 La voir, tout prendre d'elle.

   ❖

J'avois, par de rians portraits,
 Avant de la connoître,
Chanté les plus charmans objets
 Que le ſiecle a vu naître :
Tous ces portraits, quand je la vois,
 Elle me les rappelle ;
Plus ils ſont beaux, & plus je crois
 N'avoir peint jamais qu'elle.

   ❖

Conſultant un jour ſon miroir,
 Hébé, par jalouſie,
Regardoit, cherchant à ſe voir
 Belle comme ma Mie ;

Et fe trouvant pleine d'attraits,
  Elle dit : Quel dommage !
Il eſt vrai, j'ai bien tous fes traits ;
  Que n'ai-je fon langage !

Diane veilloit fon Amant,
  Dormant dans la prairie,
Quand, d'un pas léger & charmant,
  Près d'eux furvint ma Mie :
Quel bonheur, dit-elle tout bas,
  Que mon Amant fommeille !
Non, que fes yeux ne s'ouvrent pas !
  Je le perds, s'il s'éveille.

Moncrif.

VAUDEVILLE

Du Ballet des Savoyards.

Air: *De la Piece curieuse.*

Vous allez voir, Messieurs, Mesdames,
  Tout ce que vous allez voir ;
Un Fat qui dit du bien des femmes,
  Et qui les sert sans espoir ;
Un Guerrier constant & discret,
Qui rougit près d'un jeune objet :
Ah ! la rareté merveilleuse !
  La Piece curieuse !

Ah ! remarquez un beau modéle
  D'amour envers un Mari ;
C'est une Épouse jeune & belle
  Qui pleure un Vieillard cheri ;
Elle va descendre au tombeau,
Pour s'y joindre à son tourtereau.
Ah ! la rareté , &c.

Voyez deux Petites-Maîtresses,
  Qu'une amitié tendre unit ;
Point de noirceur dans leurs caresses,
  Leur cœur parle, & non l'esprit.

Voyez comme, par sentiment,
L'une cache à l'autre un Amant,
Ah! la rareté , &c.

Vous allez voir un Petit-Maître
  Qui cache ses rendez-vous ;
Heureux , sans vouloir le paroître ,
  Il brûle ses billets doux :
Aux égards dus à la Beauté
Il immole sa vanité.
Ah! la rareté , &c.

Un Auteur qui se rend justice ,
  Un Critique sans aigreur ;
Un jeune Page sans malice ,
  Une Prude sans vapeur ,
Un Valet , devenu Commis
Qui hante ses anciens amis.
Ah! la rareté , &c.

Une Coquette surannée ,
  Qui n'a plus soin de son teint ;
Qui , songeant au tems qu'elle est née ,
  Renonce au ton enfantin ;
Des Belles louant les attraits ,
Sans glisser un perfide *mais* ;
Ah! la rareté , &c.

Un Bel-Esprit sans perfidie ,
   Sans orgueil & sans jargon ,
Qui de la bonne compagnie
   N'a point pris le mauvais ton ,
Et qui ne déchira jamais
Ses amis par de malins traits :
Ah ! la rareté merveilleuse !
   La Piece curieuse !

L'INCONSTANCE FIDELLE.

AIR : *De tous les Capucins du monde.*

JE veux une femme accomplie ,
Qui , pour plaire , se multiplie
Avec tant d'art & d'agrément ,
Qu'on puisse éprouver , quand on l'aime ,
Tous les plaisirs du changement ,
Jusques dans la constance même.

J. B. ROUSSEAU.

LA MÉPRISE.

A I R : L'autre jour , étant assis.

L'autre jour , prenant le frais ,
Vous dormiez sur la fougere ;
L'Amour , voyant tant d'attraits ,
De loin vous prit pour sa mere :
S'approchant de plus près ,
Il dit : Ce n'est point elle ;
Ce sont les mêmes traits ,
Mais Vénus est moins belle.

L'INDULGENCE.

L'INDULGENCE.

A PEINE ai-je quitté l'enfance,
Que nos Bergers me font la cour ;
En vain maman me fait défense
D'écouter un seul mot d'amour :
Sur ce point, souvent je friponne ;
Si quelqu'un s'y prend joliment,
Je gronde d'abord hautement :
Mais tout bas mon cœur lui pardonne.

Tous les matins, dans la prairie,
L'Amour fait moissonner des fleurs ;
Aux Bergeres les plus jolies,
On en fait des marques d'honneur.
Quand, par hasard, quelqu'un m'en donne
Par un air froid & nonchalant
Je déconcerte le Galant :
Mais tout bas mon cœur lui pardonne.

Sur mes cheveux, mon teint, ma taille
Colin fait de tendres Chansons ;
Je feins de croire qu'il me raille :
De maman je fuis les leçons.

F

Quand, pour moi, sa flûte raisonne,
Pour ne point faire de jaloux,
J'affecte un modeste courroux :
Mais tout bas mon cœur lui pardonne.

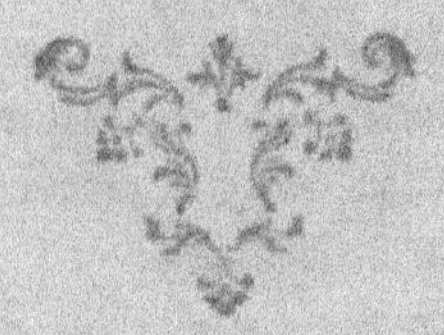

Quand, tête-à-tête en un bocage,
Je me trouve avec ce Berger,
Ses yeux, ses mains font le langage
Dont il se sert pour m'engager.
Si je feins d'appeller ma bonne,
Il n'en devient pas plus discret :
Je crois qu'un démon, en secret,
Lui dit que mon cœur lui pardonne.

De la Garde.

LA CONSTANCE.

AIR : *Ne v'là-t-il pas que j'aime.*

IL faut, quand on aime une fois,
  Aimer toute sa vie :
L bonheur dépend d'un beau choix,
  Et j'ai choiſi Sylvie.

Vénus, fléchiſſez ſa rigueur,
  Son empire eſt le vôtre ;
Ses regards font plus ſur un cœur,
  Que les faveurs d'une autre.

Un cœur qui s'eſt laiſſé charmer,
  Goûte un bonheur ſuprême ;
Le plaiſir qu'on ſent à s'aimer,
  Ajoute à l'amour même.

Tout ce qu'on voit en ces beaux lieux
  Nous vante ſa conſtance ;
Les amours même les plus vieux
  Ont l'air de l'eſpérance.

F 2

Le même rameau, tous les ans,
    Revoit ses tourterelles :
Le bonheur de vivre constans,
    N'est-il fait que pour elles ?

Pour Céphale, on a vu couler
    Les larmes de l'Aurore ;
Le tems n'a pu la consoler :
    Elle en répand encore.

Le ruisseau, fidèle à son cours,
    Arrose la prairie ;
Déja, du fruit de leurs amours,
    Cette épine est fleurie.

Le Président HENAUT.

LA PRIERE MAL EXAUCÉE.

Si l'on peut compter fur un cœur,
C'eft fur le cœur d'une Bergere :
Par fon air naïf & trompeur,
Ma Corine avoit fu me plaire ;
Je la trouvois belle fans fard,
Je chériffois fon cœur fans art :
Mais, comme une autre, elle eft légere.

Amour, venge un fidèle Amant
Des trahifons d'une infidelle :
Fais-lui perdre quelque agrément
A chaque inconftance nouvelle.
Hélas ! tu ne m'écoutes pas !
Loin d'ôter rien à fes appas,
Chaque forfait la rend plus belle.

L'Abbé MANGENOT.

LE COLIN-MAILLARD.

JE révois, l'autre jour,
Qu'avec vous & l'Amour,
Je jouois sur l'herbette,
A certain jeu, Nanette,
Où l'on va jusqu'à neuf,
En comptant tour-à-tour.
Je te tiens, dit ce Dieu : suivant la loi commune,
De trois choses, tu dois pour le moins en faire une :
Aime Nanette tendrement,
Aime-la sans partage,
Aime-la constamment.
Tout autre, soumis à l'usage,
N'eût rempli qu'une de ces loix :
Pour moi, volontiers je m'engage
A les accomplir toutes trois.

PANARD.

LES REPROCHES.

AIR : *Dans ma Cabane obscure.*

UNE faveur, Lisette,
M'a prouvé ton amour :
Au son de ma musette,
Tu dansois l'autre jour ;
Sur celle de Sylvandre,
Tu ne danserois pas :
Mais tu daignes l'entendre ;
Non, tu ne m'aimes pas.

Pour toi, dans la prairie,
Je faisois un bouquet ;
Je l'offrois à Sylvie,
D'un air assez coquet ;
Je feins de rendre hommage
A de nouveaux appas ;
Tu n'en prends point d'ombrage :
Non, tu ne m'aimes pas.

Quand, te trouvant seulette,
Je conte ma langueur,
Tu parois inquiette,
Ton esprit est rêveur :

L'absence de Sylvandre
Cause ton embarras ;
Ton cœur souffre à m'entendre :
Non, tu ne m'aimes pas.

Lorsque, dessus l'herbette,
Mon chien vient te flatter,
D'un coup de ta houlette,
On te voit l'écarter ;
Et quand le sien, cruelle,
Par hasard suit tes pas,
Par son nom tu l'appelle :
Non, tu ne m'aimes pas.

L'autre jour, dans la danse,
Avec moi sous l'ormeau,
Tu suivois la cadence
De mon doux chalumeau ;
De loin, tu vis Sylvandre,
Et tu fis un faux pas ;
Je sus bien le comprendre :
Non, tu ne m'aimes pas.

Son ame fut ravie,
Mon pipeau s'en rompit,
Et la danse finie,
(J'en rougis de dépit)

Ce Berger, d'un air tendre,
Te dit un mot tout bas,
Et tu daignas l'entendre :
Non, tu ne m'aimes pas.

LES AVEUGLES.

AIR : *Jardinier, ne vois-tu pas.*

BERGERE, détachons-nous
De Newton, de Descartes :
Ces deux especes de fous
N'ont jamais vu le dessous
Des cartes, des cartes, des cartes.

Le Marquis de SAINT-AULAIRE.

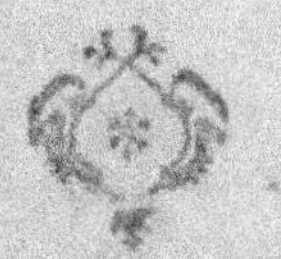

L'ÉNIGME.

AIR : *La trop innocente Colette ,*
ou *comme v'là qu'c'est fait.*

QUE notre ignorance est extrême !
Toujours douter , est notre lot ;
Le flambeau de la raison même
N'est pour nous qu'un foible falot.
Sans savoir ni pourquoi ni comme ,
On naît , on meurt presque aussi-tôt ;
L'homme est une énigme pour l'homme ;
Quand on en veut chercher le mot ,
    On est tout sot ,
    On est tout sot.

L'Abbé PRÉVOST.

A MADAME LA PRINCESSE
DE LIXIN.

AIR de la Romance d'Alix & d'Alexis.

Aux demi-Dieux que Flore enchante,
    J'ai dit : Venez ;
C'est une énigme que je chante :
    Or devinez !
Mais craignez que d'un trait de flamme,
    Certain enfant
N'en imprime , au fond de votre ame ,
    Le mot charmant.

Quel portrait ce mot renouvelle
    Dans notre esprit !
A mesure qu'il est fidèle ,
    Il s'embellit ;
Lorsqu'il enchante , on ne peut craindre
    Qu'il soit flatté ;
A peine l'art va jusqu'à peindre
    La vérité.

Ce mot est une enchanteresse,
   Vous la verrez ;
Votre cœur sera dans l'ivresse,
   Et vous direz :
Tous les secrets qu'en Thessalie
   On sut former
N'égaloient pas ceux d'Austrasie,
   Pour faire aimer.

※

Ce charme qu'en elle elle ignore
   En est plus fort,
Qui la connoit, bientôt l'adore :
   Voilà son fort.
Par son pouvoir, la fuite est vaine,
   Et, malgré vous,
Du bout du monde, il vous ramène
   A ses genoux.

※

Celui qui, bravant l'esclavage,
   A pu la voir,
Contre un autre écueil fait naufrage
   Sans le prévoir.
Au doux charme qui vous attire
   En l'écoutant,
On croit seulement qu'on admire,
   On est amant.

※

Tenez ! on ne peut s'y méprendre,
    M'ont-ils dit tous :
L'énigme est aisée à comprendre ;
    Écoutez-nous.
C'est à Paphos que, par fortune,
    Amour voulut
Unir les trois Graces en une :
    Lixin parut.

DE MONCRIF.

LE TOMBEAU DE L'AMOUR.

AIR : *Ton himeur est, Catherine.*

L'AMOUR à nous vaincre est preste ;
Mais la défaite d'un cœur
Lui devient souvent funeste :
Il meurt dès qu'il est vainqueur.
Ainsi quand le frêlon blesse,
Il succombe à son effort ;
Et l'aiguillon qu'il nous laisse,
Est la cause de sa mort.

LA DOUBLE MÉPRISE.

AIR : *Tout roule aujourd'hui dans le Monde.*

L'AUTRE jour, l'Enfant de Cythere,
Sous une treille, à demi-gris,
Difoit, en parlant à fa mere :
Je bois à toi, ma chere Iris.
Vénus le regarde en colere :
Calmez, Maman, votre courroux ;
Si je vous prends pour ma Bergere,
J'ai pris cent fois Iris pour vous.

BAINVILLE.

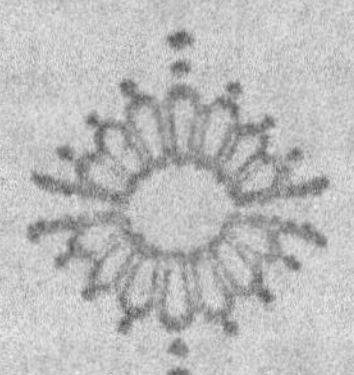

AUX MARIS.

A I R : *Que ne suis-je la fougère ?*

DE la sombre jalousie,
Maris, fuyez le poison :
Cette noire frénésie
Vous prive de la raison.
Si des rivaux redoutables
Causent vos tourmens secrets,
En vous rendant plus aimables,
Renversez tous leurs projets.

Argus, auprès d'une Belle,
Eut beau veiller nuit & jour :
Malgré sa garde éternelle,
Il fut dupé par l'Amour.
Si ce gardien si sévere
Ne put rien avec cent yeux,
Hélas ! que pourriez-vous faire,
Vous, qui n'en avez que deux ?

Si votre épouse est fidelle,
A tort vous vous alarmez ;
Si l'Amour ailleurs l'appelle,
En vain vous vous gendarmez.

Par douceur, vous pourriez être
Excepté du sort commun :
Mais, si vous parlez en maître,
Je parierai cent contre un.

La contrainte dont on use
Par un jaloux mouvement,
D'une femme accroît la ruse,
Et les désirs d'un amant.
Souvent même on ne s'engage
Dans un commerce galant,
Que pour goûter l'avantage
De tromper un surveillant.

Pour trop user de remède,
Bien souvent on se détruit ;
De l'erreur qui vous possède,
Jaloux, c'est là tout le fruit :
Vos précautions sévères
Avancent l'instant fatal,
Et vos peurs imaginaires
Réalisent votre mal.

PANARD.

CANTIQUE

CANTIQUE SPIRITUEL

D'UN PARALYTIQUE.

AIR : *Ne v'là-t-il pas que j'aime ?*

POUR moi, vous croyez qu'il n'est plus
  De plaisir dans la vie :
Je trouve moi, bien que perclus,
  Mon sort digne d'envie.

De mes pieds & mains engourdis,
  Lorsque je perds l'usage,
D'un avant-goût du Paradis
  Je fais l'apprentissage.

N'avoir aucun sens en défaut,
  Me paroit bien commode :
Car vous savez bien que là-haut
  Tout change de méthode.

Nous laisserons en ces bas lieux
  La dépouille mortelle,
Et nous n'en jouirons que mieux
  De la vie éternelle.

G

Dans ce séjour délicieux
  Des célestes merveilles,
Nous aurons des plaisirs sans yeux,
  Sans mains & sans oreilles.

Aux plaisirs des sens renoncer
  Pour vous sera bien rude ;
Et moi, de savoir m'en passer
  J'aurai pris l'habitude.

Un jour pourtant Dieu nous rendra,
  Consolez-vous, Mesdames,
Nos yeux, nos mains & cætera,
  Nos corps avec nos ames.
LA CONDAMINE.

A UNE DAME,

Qui avoit quitté le rouge à vingt-deux ans.

Air *des Folies d'Espagne.*

Dame, d'esprit, de corps, qu'elle étoit belle !
Trop belle, hélas ! de plus de la moitié ;
Comment le ciel rassembla-t-il en elle
Ce qu'on envie & ce qui fait pitié ?

Alexandrine, objet tant admirable,
Trésor d'esprit, de talens & d'appas,
Vous aviez donc tout ce qui rend aimable !
Oui, tous les dons, & ne le saviez pas.

On me dira : Voyez la belle histoire !
On est charmante, on l'ignore ? Non, non :
Au fond du cœur, ne voulant pas le croire,
La plus modeste en a quelque soupçon.

Non, celle-ci ne connoît, ne respire
Rien que vertu ; c'est sa beauté, son bien :
Comment songer aux erreurs qu'elle inspire ?
Elle jugeoit tous les cœurs sur le sien.

Je vois encor, lorsqu'elle alloit au Temple,
Les yeux s'ouvrir & les cœurs se troubler ;
Un seul moment, si-tôt qu'on la contemple,
Adieu raison ! il n'en faut plus parler.

L'un se disoit : Moi ! sa vertu m'enchante,
Non sa beauté ; c'est un frêle ornement :
L'autre pensoit : Que mon ame est contente !
J'aime l'esprit, & le sien est charmant.

O gens de bien ! c'est ainsi qu'on s'abuse :
Respect, estime est langage emprunté ;
Sous un faux nom, le sentiment s'excuse ;
Tout est amour auprès de la Beauté.

Mais ses Amans, dans le fond de leur ame,
Cachent leurs feux, dissimulent leurs maux :
On la connoît, le devoir seul l'enflamme,
Et ce vainqueur n'aura point de rivaux.

L'un d'eux pourtant, ambulante pagode,
Avec éclat se produit sur ses pas :
Brillans atours, mines, mots à la mode
Sont employés ; on ne l'apperçoit pas.

De tels muguets que l'engeance est méchante !
Malheur à qui s'en laisse environner !
Ils vont lorgnant une rose naissante ,
Se disputant l'honneur de la faner.

––

En vers galans faits pour Alexandrine ,
Notre indiscret son amour étala ;
Les voici tels qu'un jour , à la sourdine ,
Sur sa toilette un grison les coula.

––

« Si vous jugez crimes impardonnables
» Les feux d'amour dont on brûle pour vous ,
» Vous ne verrez jamais que des coupables :
» Moi, croyez-moi, je le suis plus qu'eux tous ».

––

Fuyons , dit-elle en sa douleur profonde ;
Allons gémir au fond des monumens :
Comment peut-on vivre encor dans le monde ,
Quand , par malheur , on y fait des Amans ?

––

De cet instant , voilant toujours ses charmes
Dans l'appareil du plus funebre deuil ,
Pour passe-tems , elle versoit des larmes ,
Et pour sophas , elle avoit un cercueil.

––

G 3

Dans son printems, voir le talent déplaire ;
Comme un malheur, vouloir s'en délivrer :
Quel rare exemple ! un ange de lumiere
Vint tout exprès du ciel pour l'admirer.

O Chérubins ! tremblez, elle est trop belle ;
Fermez les yeux, craignez un tel écueil :
La chûte, hélas ! est bien plus naturelle
De succomber à l'amour qu'à l'orgueil.

DE MONCRIF.

L'ÉGALITÉ.

AIR du Prévôt des Marchands.

L'AMOUR égale, sous sa loi,
La Bergere ainsi que le Roi :
Si-tôt qu'il en fait sa Maîtresse,
Si-tôt qu'elle a pu l'engager,
La Bergere devient Princesse,
Et le Prince devient Berger.

LES AMOURS
DE COLIN ET COLETTE.

AIR : *Où s'en vont ces gais Bergers ?*

COLIN, à-peine à seize ans,
  Aimoit déja Colette ;
Colette, à peine à treize ans,
  Écoutoit la fleurette :
One ne vis de si jeunes Amans
  Que Colin & Colette.

❖❖

Colin sent déjà des feux,
  En secret il soupire :
Colette forme des vœux,
  Et cache son martyre :
Colette & Colin s'aiment tous deux,
  Sans oser se le dire.

❖❖

Ils s'en alloient sans dessein,
  Le matin, sur l'herbette ;
Le cœur battoit à Colin :
  Il battoit à Colette ;
Son bouquet lui tombe de la main :
  Colin perd sa houlette.

❖❖

G 4

Il s'approche doucement :
Un foupir le décèle ;
L'un regarde tendrement :
L'autre en devient plus belle.
Qu'as-tu donc, lui dit-il en tremblant ?
Qu'as-tu donc, lui dit-elle ?

Colette, au dedans de moi,
Je fens un trouble extrême :
Moi, Colin, auprès de toi,
Je le fens tout de même :
Ah ! Colette, je t'aime, je croi ;
Colin, je crois, je t'aime.

Pour l'ufage de fes dons,
Nature les éclaire ;
Un Dieu, par des charmes prompts,
Les conduit au myftere :
En amour, il n'eft pas de leçons
Qui vaillent la premiere.

LE MIROIR (*).

AIR : *Nous jouiſſons dans nos Hameaux.*

Miroir officieux, je doi
  T'aimer toute ma vie :
Je poſſede, graces à toi,
  La charmante Sylvie ;
Et je te regarde, en ce jour,
  Comme un Dieu tutélaire,
Qui fait pour moi plus que l'Amour
  N'auroit jamais pu faire.

Miroir plus Peintre que LA TOUR,
  Plus prompt & plus fincere,
Et vous, mes trumeaux, tour-à-tour
  Répétez ma Bergere :
Croyez que jamais vous n'aurez
  De plus parfait modèle,
Et que plus vous l'embellirez,
  Plus vous ferez fidèle.

(*) *L'Auteur avoit chez lui un Miroir dont les ornemens antiques étoient eſtimés ; une Dame très-jolie voulut le voir, & il lui donna ces trois Couplets.*

Glace, ne faites votre effet
  Qu'en faveur de ma Belle ;
Obscure pour tout autre objet,
  Ne représentez qu'elle.
Par le même art, en ma faveur,
  Et contre votre usage,
Puissiez-vous, ainsi que mon cœur,
  Conserver son image !

Piron.

LA FEVE DES ROIS.

A I R : *De tous les Capucins du Monde.*

Faisant les Rois avec Climène,
Une fève la rendit Reine ;
Tout le monde en fut enchanté.
L'Amour me chargea de lui dire,
Qu'il approuvoit sa Royauté,
Et qu'il lui cédoit son Empire.

LA FANTAISIE.

AIR des *Folies d'Espagne.*

ELLE m'aima, cette belle Aspasie,
Et bien en moi trouva tendre retour :
Elle m'aima ; ce fut sa fantaisie :
Mais celle-là ne lui dura qu'un jour.

Le jour d'après, cette belle Aspasie
Entend Mirtil chanter l'hymne d'amour :
Elle l'aima ; ce fut sa fantaisie ;
Et celle-là ne lui dura qu'un jour.

Toujours aimant, cette belle Aspasie
A pris, quitté nos Bergers tour-à-tour :
Ils sont fâchés ; moi, je la remercie ;
Las ! elle fait passer un si beau jour !

Pour ramener une belle Aspasie,
C'est grand abus de montrer du courroux
Si réclamez sa douce fantaisie,
Elle dira : Que ne l'inspirez-vous ?

Lors j'apperçus cette belle Aspasie ;
Qu'un doux souris coloroit ses attraits !
Elle reprit sa douce fantaisie ,
Et me donna même le jour d'après.

Amans quittés d'une belle Aspasie ,
Ayez près d'elle un modeste maintien ;
Ne prétendez gêner sa fantaisie :
Qui plaît est Roi , qui ne plaît plus n'est rien.

De Moncrif.

L'ORAGE.

Air : *Mon jeune cœur palpite.*

Lise, entends-tu l'orage ?
Il gronde, l'air gémit !
Sauvons-nous au bocage :
Lise doute & frémit.
Qu'un cœur foible est à plaindre,
Dans ce double danger !
C'est trop d'avoir à craindre
L'orage & son Berger.

Mais cependant la foudre
Redouble ses éclats :
Que faire & que résoudre ?
Faut-il donc suivre Hylas ?
De frayeur Lise atteinte,
Va, vient, fuit tour-à-tour :
On fait un pas par crainte,
Un autre par amour.

Lise au bosquet s'arrête,
Et n'ose y pénétrer :
Un coup de la tempête
Enfin l'y fait entrer.

La foudre au loin s'égare ;
On échappe à ses traits :
Mais ceux qu'Amour prépare
Ne nous manquent jamais.

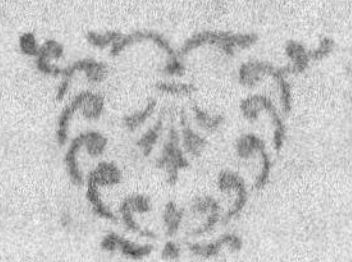

Ce Dieu, pendant l'orage,
Profite des momens ;
Caché dans le nuage,
Son œil suit les Amans.
Lise, de son asyle,
Sortit d'un air confus ;
Le ciel devint tranquille :
Son cœur ne l'étoit plus.

COLARDEAU.

LE CRITIQUE EMBARRASSÉ.

COUPLETS faits à l'occasion d'une Fête
donnée le 24 Juillet 1774, au Château de
Vanves, à MADAME, & MADAME ELISA-
BETH, par MADEMOISELLE DE BOURBON-
CONDÉ. (M. *Laujeon* avoit obtenu, pour
l'Auteur de ces Couplets, la permission
de voir cette Fête, où peu de personnes
étoient admises).

AIR *de Joconde.*

MAIS voyez donc quel tour affreux
   L'ami Laujeon me joue !
Tout ce qui frappe ici mes yeux,
   Il faut que je le loue !
Par lui, d'être admis en ces lieux
   J'obtiens le privilege ;
Et c'est... c'est... (j'en suis furieux)
   Pour me tendre ce piege.

Concevez-vous cette noirceur ?
   Sans critiquer, j'admire !
Exposer un grave Censeur
   A ce cruel martyre !...

Lisez, dans mes yeux abattus,
   Ma triste destinée ;
Je puis dire, comme Titus :
   Je perds une journée.

❦

Imaginez tous les attraits
   MADAME les efface.
J'ai décoché d'assez bons traits
   Sur les Nains du Parnasse :
Mais ses beaux yeux, sa douce voix,
   Font bien plus de blessures ;
L'Amour n'a point, dans son carquois,
   De fleches aussi sûres.

❦

Sa Sœur naquit, & Jupiter
   Dit aussi-tôt : « Déesses,
» A cet Enfant, qui nous est cher,
   » Prodiguez vos largesses :
» Minerve, dès ses jeunes ans,
   » Prenez soin de l'instruire ;
» Muses, donnez-lui vos talens ;
   » Graces, votre sourire »,

❦

Voilà-t-il pas encor BOURBON,
   Qui force mon hommage ?
Jeunesse, esprit, beauté, raison,
   Elle a tout en partage :

Ses

Ses pas font naître plus de fleurs
  Que les pas de l'Aurore ;
Mais c'est sans répandre des pleurs :
  Les Ris les font éclore.

Laujeon, tu me paîras ce tour ;
  Et le premier Ouvrage
Que ta Muse doit mettre au jour,
  Expîra cet outrage :
Oui, je t'apprendrai, sûr ma foi !
  Dans mon Martyrologe,
A me réduire, moi ! moi ! moi !
  Au style de l'éloge !

FRÉRON.

LE CHOIX DIFFICILE.

AIR : *Réveillez - vous , belle endormie.*

ENTRE le vin & la tendresse,
Je ne saurois faire de choix ;
Je ne puis vivre sans Maîtresse,
Et je me meurs , si je ne bois.

Chacun d'eux m'anime & m'engage ;
Le plaisir en est différent :
Iris m'en donne davantage ;
Bacchus m'en donne plus souvent.

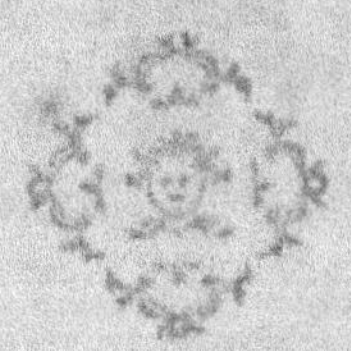

LE SONGE RÉALISÉ.

AIR : *Que ne suis-je la fougere ?*

AU fond d'un bois solitaire,
Chloé rèvoit que Lycas
L'invitoit au doux myftere,
Et la preffoit dans fes bras.
Morphée , fermant fa paupiere,
Ouvroit fon cœur au plaifir :
Chloé ceffe d'être fiere ;
Chloé commence à jouir.

Lycas, plein de fa tendreffe ,
Arrive en ce lieu charmant ;
Il voit fa belle Maîtreffe
Dans ce doux égarement :
D'abord fa bouche vermeille ,
Reçoit fon premier tranfport ;
Chloé foupire & s'éveille ;
Mais le plaifir la rendort.

Trois fois l'heureux téméraire
Touche au comble du bonheur ;
Trois fois, d'un tendre falaire,
Chloé paya fon ardeur.

Comme une fleur fraîche éclose,
Que caresse le Zéphir,
Lycas, sur son teint de rose,
Voit le progrès du plaisir.

Hélas ! n'est-ce qu'un mensonge,
Dit-elle, en ouvrant les yeux ?
Si mon bonheur n'est qu'un songe,
Le vrai plaisir n'est qu'aux cieux :
Mais ma défaite est réelle ;
C'est Lycas, c'est mon Amant :
Ah ! voilà comment, dit-elle,
Le bien nous vient en dormant !

Le Marquis DE PEZAY.

AUTEURS

VIVANS.

———————

LE PETIT
CHANSONNIER
FRANÇOIS.

LES MŒURS D'A-PRÉSENT.

Air : *Le Port-Mahon est pris.*

CHANSONNIERS, mes Confreres,
Le cœur, l'amour, ce font des chimeres.
Dans vos Chanfons légeres,
Traitez de vieux abus,
De Phébus,
De rébus,
Ces vertus,
Qu'on n'a plus.
Tâchez d'hiftorier
Quelque Conte ordurier :

Mais avec bienséance :
De mots
Trop gros
L'oreille s'offense.
Tirez votre indécence
Du fond de vos sujets,
Et de faits
Faux ou vrais,
Scandaleux,
Mais joyeux.

❧❧

Les Madrigaux sont fades ;
L'apprêt
Qu'on met
A ces vers maussades
Ne vaut pas les boutades
D'un Chansonnier sans art
Et sans fard,
Mais gaillard,
Indécent,
Mais plaisant.
Et puis tous ces nigauds,
Qui font des Madrigaux,
Supposent à nos Dames,
Des cœurs,
Des mœurs,
Des vertus, des ames,
Et remplissent de flammes

Et de beaux fentimens
   Nos amans
   Prefque éteints ,
   Ces pantins
   Libertins.

L'Amour eft mort en France :
   C'eft un
   Défunt
Mort de trop d'aifance ;
Et c'eft la jouiffance
Qui fuccede , en ce lieu ,
   A ce Dieu
   Des Gaulois ,
   Des Bourgeois
   D'autrefois.
Chanfonniers de bon fens ,
Ne parlez donc qu'aux fens ;
Peignez-nous fans fcrupule ,
   Chantez ,
   Vantez
Les talens d'Hercule ;
Tournez en ridicule
Ceux qui n'avancent pas
   Plus d'un pas ,
   Et qui font
   Un affront
   Au fecond.

M. COLLÉ.

L'INFIDÉLITÉ.

Air : *Nous jouissons dans nos Hameaux.*

JE vis deux oiseaux amoureux
  Un jour sous ce feuillage ;
J'étois attentive à leurs jeux,
  A leur doux badinage :
Mais le premier qui s'envola
  Fut le mâle infidèle :
J'entends, depuis ce moment là,
  Se plaindre la femelle.

M. FAVART.

L'AMOUR FOUETTÉ.

AIR : *Dans un Bois solitaire & sombre.*

JUPITER, prête-moi ta foudre,
S'écria Lycoris un jour :
Donne, que je réduise en poudre
Le Temple où j'ai connu l'Amour.

Alcide, que ne suis-je armée
De ta massue & de tes traits,
Pour venger la terre alarmée,
Et punir un Dieu que je hais !

Médée, enseigne-moi l'usage
De tes plus noirs enchantemens ;
Formons pour lui quelque breuvage
Égal au poison des Amans.

Ah ! si, dans ma fureur extrême,
Je tenois ce monstre odieux ! . . .
Le voilà, lui dit l'Amour même,
Qui soudain parut à ses yeux.

Venge-toi, punis, si tu l'oses...
Interdite à ce prompt retour,
Elle prit un bouquet de roses,
Pour donner le fouet à l'Amour.

On dit même que la Bergere,
Dans ses bras n'osant le presser,
En frappant d'une main légere,
Craignoit encor de le blesser.

M. L. C. D. B.

LA LEÇON.

AIR *Des Folies d'Espagne.*

DE s'engager il n'est que trop facile;
Cent fois au moins maman me l'avoit dit,
Et j'en doutois : mais Colin, plus habile,
En un instant, l'autre jour, me l'apprit.

LE SOUVERAIN BIEN.

AIR *du Ménuet d'Exaudet.*

LES grandeurs,
Les honneurs,
La fortune,
Tout cela me tente peu,
Je vous en fais l'aveu;
Trop de bien importune :
Être aimé
Et charmé
D'une Belle,
C'est là le souverain bien;
Tout le reste n'est rien
Sans elle.
Tenez! dans notre Village,
On n'en veut pas davantage;
Un objet
Qui nous plaît
Peut suffire;
Joyeux, on nous voit sauter,
Courir, danser, chanter
Et rire.

Quelquefois
Vos Bourgeois,
Qu'on envie,
Au sein même des plaisirs,
Poussent de gros soupirs ;
Quelle mélancolie !
A la Cour,
Ce séjour
Où tout brille,
On rit d'un ris emprunté,
Quand chez nous la gaîté
Pétille.

L'Abbé Lattaignant.

QUATRAIN.

A I R : *Réveillez - vous , belle endormie.*

O D I E U X ! que mon Iris est belle,
Et que je l'aime tendrement !
Je meurs de douleur absent d'elle,
Et de plaisir en la voyant.

VAUDEVILLE

DU DEVIN DU VILLAGE.

L'ART à l'Amour est favorable,
Et sans art l'Amour sait charmer :
A la ville, on est plus aimable ;
Au village, on fait mieux aimer.
    Ah ! pour l'ordinaire,
    L'Amour ne fait guère
Ce qu'il permet, ce qu'il défend :
C'est un enfant, c'est un enfant.

Ici, de la simple nature
L'Amour fuit la naïveté ;
En d'autres lieux, de la parure
Il cherche l'éclat emprunté :
    Ah ! pour l'ordinaire, &c.

Souvent une flamme chérie
Est celle d'un cœur ingénu ;
Souvent, par la coquetterie,
Un cœur volage est retenu :
    Ah ! pour l'ordinaire, &c.

L'Amour , selon fa fantaifie ,
Ordonne & difpofe de nous ;
Ce Dieu permet la jaloufie ,
Et ce Dieu punit les jaloux :
    Ah ! pour l'ordinaire , &c.

A voltiger de Belle en Belle ,
On perd fouvent l'heureux inftant ;
Souvent un Berger trop fidèle
Eft moins aimé qu'un inconftant :
    Ah ! pour l'ordinaire , &c.

A fon caprice on eft en butte ,
Il veut les ris , il veut les pleurs ;
Par les rigueurs on le rebute ,
On l'affoiblit par les faveurs :
    Ah ! pour l'ordinaire ,
    L'Amour ne fait guère
Ce qu'il permet , ce qu'il défend ;
C'eft un enfant , c'eft un enfant.
        M. Rousseau , de Genève.

CADET

CADET ET BABET.

AIR : *Si le Roi vouloit m'donner.*

UN soir revenoit Cadet,
  Ce n'est pas sa faute,
Tenant sous le bras Babet,
  La fille à notre Hôte ;
Un voleur saisit Cadet ;
Un voleur saisit Babet :
C'est bien la faute du Guet,
  Ce n'est pas leur faute.

Un voleur rossoit Cadet,
  Ce n'est pas sa faute ;
Un voleur baisoit Babet,
  La fille à notre Hôte :
Ça fit du mal à Cadet,
Ça fit plaisir à Babet :
C'est bien la faute du Guet,
  Ce n'est pas leur faute.

Ah ! quels coups, disoit Cadet !
  Ce n'est pas sa faute ;
Ah ! quels coups, disoit Babet,
  La fille à notre Hôte !

I

Je me meurs, difoit Cadet !
Je me meurs, difoit Babet !
C'eft bien la faute du Guet,
Ce n'eft pas leur faute.

Au voleur, crioit Cadet !
Ce n'eft pas ma faute :
Cher voleur, difoit Babet,
La fille à notre Hôte !
Je n'y reviens plus, Babet ;
Moi, j'y reviendrai, Cadet :
C'eft bien la faute du Guet,
Ce n'eft pas leur faute.

M. COLLÉ.

L'HEUREUSE DISCRÉTION.

AIR : *L'Amant frivole & volage.*

SUR une écorce légere ,
Amans , tracez votre ardeur ;
Le beau nom de ma Bergére
N'est gravé que dans mon cœur.
Je n'ose occuper ma lyre
A chanter un nom si doux ;
Écho pourroit le redire ,
Et j'aurois trop de jaloux.

※

Corine , à feindre m'engage ,
Pour mieux tromper les témoins:
Ce qui lui plaît davantage ,
Semble me plaire le moins.
L'herbe où son troupeau va paître ,
Voit le mien s'en écarter ;
Et je semble méconnoître
Son chien , qui veut me flatter.

※

Vous , qu'un fol amour inspire ,
Connoissez mieux le plaisir :
Vous n'aimez que pour le dire ;
Nous n'aimons que pour jouir.

Corine , que ce myſtere
Dure autant que nos amours !
L'Amant content doit ſe taire :
Fais-moi taire pour toujours.

M. Bernard.

LE DIFFÉREND.

Air : De tous les Capucins du monde.

L'AUTRE jour , l'aimable Baronne ,
Étant vêtue en Amazonne ,
Fit naître un plaiſant différend
Entre les Dieux de la tendreſſe :
Vénus la vouloit pour Amant ,
L'Amour la vouloit pour Maîtreſſe.

M. l'Abbé de Lattaignant.

L'AMOUR SANS REMEDE.

AIR : *Vous, qui toujours suivez mes traces.*

Vous fuyez sans vouloir m'entendre,
Charmant objet de mes amours :
Si vous trouvez mon cœur trop tendre,
Eglé, vous me fuirez toujours.

L'Amour pourroit-il se contraindre,
Quand c'est vous qui savez charmer ?
Votre rigueur me le fait craindre :
Mais vos yeux me le font aimer.

Sans regret vous voyez mes larmes :
Hélas ! que vais-je devenir ?
Si vous me privez de vos charmes,
Otez-m'en donc le souvenir.

Pour être sous votre puissance,
Ai-je mérité vos mépris ?
Plus vous dédaignez ma constance,
Plus vous en augmentez le prix.

Ne rendez-vous mon cœur fidéle ,
Que pour mieux faire mon tourment ?
Hélas ! que n'êtes-vous moins belle !
Ou que ne puis-je être inconstant !

LE SONGE.

Souvent un air de vérité
Se mêle au plus grossier mensonge :
Une nuit , dans l'erreur d'un songe ,
Au rang des Rois j'étois monté ;
Je vous aimois alors , & j'osois vous le dire :
Les Dieux , à mon réveil , ne m'ont pas tout ôté ,
Je n'ai perdu que mon Empire.

M. DE VOLTAIRE.

LA LOI D'ÉPICURE.

Vous qui, du vulgaire stupide,
Voulez écarter le bandeau,
Prenez Épicure pour guide,
Et la nature pour flambeau.
Il n'invente point de systêmes;
Il ne fait que bannir l'erreur,
Et si nous rentrons en nous-mêmes,
Épicure est dans notre cœur.

La Nature, prudente & sage,
N'a jamais rien produit en vain;
Nos sens ont chacun leur usage,
Et nous devons tendre à leur fin.
Pour nous l'enseigner, la Nature
Nous a fait présent du desir:
Par une route toujours sûre,
Il nous mène droit au plaisir.

Mais le plaisir cesse de l'être,
Dès qu'il cesse d'être goûté :
La débauche ne peut paroître,
Sans faire fuir la volupté.

I 4

Qu'on mêle avec délicatesse
Et les sens & le sentiment ,
Et que Bacchus , laissant l'ivresse ,
N'ait avec lui que l'enjoûment.

Ton cœur est épris de Thémire :
Thémire est sensible à son tour ;
Tous deux , dans un commun délire ,
Cueillez les roses de l'amour.
A servir l'ardeur de vos flammes ,
Employez l'été de vos ans ,
Et qu'à l'ivresse de vos ames ,
Se joigne celle de vos sens.

Que les ardeurs de la jeunesse
Se temperent avec Vénus ;
Que les glaces de la vieillesse
Se rechauffent avec Bacchus.
La vie est un instant qui passe ;
Malgré nous il va s'envoler :
Remplissons-en du moins l'espace ,
Ne pouvant pas le reculer.

M. SAURIN.

LE DÉPART DE THÉMIRE.

AIR : *Quoi ! vous partez, &c.*

Sois tous mes Dieux, ô ma chere Thémire !
A tes genoux laisse-moi t'adorer ;
Te voir, t'aimer, toujours te le redire,
C'est un plaisir dont je veux m'enivrer.
Sois tous mes Dieux, ô ma chere Thémire !
A tes genoux laisse-moi t'adorer.

Grands de la Terre, & vous Rois qu'on admire,
De votre éclat je ne suis point jaloux :
Dieux ! que j'obtienne un regard de Thémire,
Et je serai plus fortuné que vous.
Grands de la Terre, &c.

Hélas ! tu pars, tu quittes ces bocages !
Cours mériter des temples dans Paris ;
On t'offrira de plus riches hommages :
De leur encens je connois tout le prix.
Hélas ! tu pars, &c.

Vents orageux, fuyez loin devant elle ;
Cieux, parez-vous du plus brillant azur ;
Et toi, Zéphir, couvre-la de ton aile ;
Répands par-tout le parfum le plus pur.
Vents orageux, &c.

Tendres Amours, conduisez-la sur l'onde :
Telle Vénus enchanta tous les yeux,
Lorsque, naissant pour le bonheur du monde,
Elle enflamma les mortels & les Dieux.
Tendres Amours, conduisez-la sur l'onde :
Telle Vénus enchanta tous les yeux.

M. D'ARNAUD.

A MADAME **.

AIR : *De tous les Capucins du monde.*

QUE de vertus & que de graces !
Tel qui pourroit suivre vos traces,
Iroit tout droit dans ce saint lieu
De délices inexprimables :
Mais votre exemple mène à Dieu,
Et votre mine à tous les diables.

M. l'Abbé DE LATTAIGNANT.

LES SYMPTOMES
DE L'INDIFFÉRENCE.

Sans dépit, sans légéreté,
Je quitte une Amante volage,
Et je reprends ma liberté,
Sans regretter mon esclavage.

Ce matin, j'ai cueilli des fleurs,
Sans faire un bouquet à Liserre :
J'ai déja quitté ses couleurs,
Je vais lui rendre sa houlette.

Sans rougir, j'ai vu, sous l'ormeau,
Sylvandre aux pieds de l'infidelle :
J'ai joué, sur mon chalumeau,
L'air que Sylvandre a fait pour elle.

Je ne fais plus, dans nos vallons,
Retentir le nom de Liserre ;
Je veux lui dire les Chansons
Que je ferai pour Timarette.

Si quelquefois, dans le sommeil,
Ses faveurs me font retracées,
Elle n'est plus, à mon réveil,
La premiere de mes penfées.

Je ne viendrai plus en ces lieux,
Respirer l'air qu'elle respire ;
Je ne cherche plus dans ses yeux
Ce que je dois penser ou dire.

Lisette a perdu plus que moi :
J'étois tendre ; elle étoit coquette :
Lisette m'a manqué de foi :
Non, non, je n'aime plus Lisette.

M. DE SAINT-LAMBERT.

LES DINDONS DE CYTHERE,

VAUDEVILLE DE PARADE.

AIR : *Chansons, Chansons.*

Qu'on voit de dindons sur la terre !
Les plus beaux font ceux qu'à Cythere
    Nous vous gardons.
Ce feroit une lifte à faire !
Abbés, Robins & Gens d'affaire :
    Dindons, dindons.

Jeune Amant, qui refte à rien faire ;
Vieux Amant, qui veut contrefaire
    Nos Céladons ;
En amour, celui qui préfere
D'être dupe, au plaifir d'en faire :
    Dindons, dindons.

L'Amant, préfentant fon offrande,
Qui, timide après, en demande
    Bien des pardons ;

Cet autre, qu'une ardeur trop grande
Confume, avant que l'on fe rende :
Dindons, dindons.

✻✻

Sur nos amufemens comiques,
Nous ne craignons pas les critiques,
    Ni les lardons ;
Nous nous moquons des Satyriques,
Et nous appellons les Cauftiques,
    Dindons, dindons.

M. COLLÉ.

DE TOUT UN PEU.

AIR : *Du haut en bas, &c.*

DE tout un peu,
Philis, eft ma Philofophie ;
    De tout un peu,
En amour, dans le vin, au jeu,
C'eft le trop qui fait la folie :
Mais il faut goûter, dans la vie,
    De tout un peu.

L'OBSERVATEUR.

J'ADORE une jeune Bergere,
Dont le cœur neuf, l'air enfantin,
Promet le plus heureux destin
Au Berger qui saura lui plaire.
  Je vois tout, je ne dis rien :
  Mais pour moi tout va fort bien.

Qu'un autre approche de ma Belle,
Négligemment elle sourit :
Mais que j'arrive, elle rougit ;
Son teint, ses yeux, tout parle en elle.
  Je vois tout, &c.

Les bouquets plaisent à Lisette ;
Chacun lui vient offrir le sien :
Mais c'est toujours avec le mien
Qu'elle embellit sa colerette.
  Je vois tout, &c.

J'oubliai, le jour de sa fête,
Par pur hasard, d'en donner un ;

Pour vouloir n'en porter aucun,
Elle feignit un mal de tête.
    Je vois tout, &c.

Soit qu'elle danse, ou qu'elle chante,
En chorus chacun applaudit :
Mais si Lisandre n'a rien dit,
Lisette paroît peu contente.
    Je vois tout, &c.

Que j'écrive une Chansonnette,
Elle veut d'abord la savoir ;
Et qui de moi veut en avoir,
Les trouve toujours chez Lisette.
    Je vois tout, je ne dis rien,
    Mais pour moi tout va fort bien,

L'USURIER

L'USURIER EN AMOUR.

AIR *du Prévôt des Marchands.*

Vous me devez, depuis deux ans,
Trente baifers des plus charmans ;
Je vous les ai gagnés à l'ombre :
J'en veux calculer l'intérêt ;
Et vous en augmenterez le nombre,
Que vous me paîrez, s'il vous plait.

Trente baifers, charmante Iris,
N'étant payés qu'au denier dix,
Valent bien cinq baifers de rente :
Trente baifers de capital,
Dix d'intérêt joints à ces trente,
Sont quarante pour le total.

Acquittez-vous, car il eſt tems :
Payez-moi mes baifers comptans,
Et le principal & la rente :
Car, fans Huiffiers, ni fans Recors,
Si vous en êtes refufante,
Je vous y contraindrai par corps.

M. l'Abbé DE LATTAIGNANT.

K

---

*A MADEMOISELLE D***,

Qui nommoit péché chaque Piece de Vers
qui échappoit à l'Auteur.

AIR *de Joconde.*

Pour mon trop long retardement ,
  Je vous demande grace ;
Je ne fais pas facilement
  Des péchés au Parnasse :
Si vous me demandiez de ceux
  Qu'on permet à Cythere ,
Vous me verriez moins paresseux ,
  Belle Iris , à les faire.

M. DE CHENEVIERES.

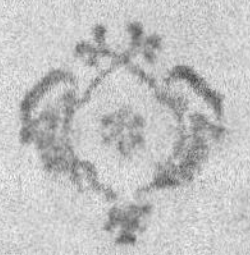

L'ÉLOGE DE BABET.

Babet m'a su charmer ;
Babet a ma tendresse :
Qui voudroit m'en blâmer,
N'a pas vu ma Maîtresse :
    C'est un air si fin,
    Une taille, un sein !
C'est la plus belle fille !
N'eût-elle que des jupons courts,
Et son corset d'à tous les jours,
Vous diriez, fussiez-vous un ours,
    Babet, que t'es gentille !
    Babet, que t'es gentille !

Quand Babet a dit oui,
C'est oui qu'il faut comprendre :
Chacun est réjoui,
Si-tôt qu'on peut l'entendre ;
    C'est la vérité,
    La simplicité :

K 2

Point de détours de fille.
Fût-ce le soir, ou le matin,
Qu'on la voie, adieu le chagrin :
Qu'elle chante, on est tout en train.
Babet, que t'es gentille !
Babet, que t'es gentille !

Un gros Fermier d'ici
A dit : Babet, je t'aime :
Je mourrai de souci,
Si tu ne dis de même.
Tiens, veux-tu de l'or,
De l'argent encor ?
Tiens, prends-en, prends, ma fille.
Mais elle : Bon ! allez, Monsieur,
Quoique pauvre, j'ons de l'honneur.
Quand j'ai su ça, j'ai dit d'un cœur ;
Babet, que t'es gentille !
Babet, que t'es gentille !

J'irai trouver Babet,
J'irai trouver sa mere ;
Non, d'abord en secret....
Mais je crains sa colere.

Je lui parlerai ;
Oui , je lui dirai :
Ah ! Babet ! ah ! ma fille !
Si tous les jours je suis tes pas ,
C'est que l'amour & tes appas. . . .
Tiens , je... oui... non , je ne te mens pas :
Babet , que t'es gentille !
Babet , que t'es gentille !

M. SÉDAINE.

A UNE JEUNE PERSONNE.

AIR : *Sans le savoir.*

OUI , vous êtes belle & jolie ,
Et de mille graces remplie :
Chacun est charmé de vous voir :
Mais vous plairiez bien davantage ,
En sentant moins votre pouvoir.
Il faut être belle à votre âge ,
Sans le savoir.

K 3

LE POUVOIR DE L'AMOUR.

AIR de la Romance de Gavinié.

On est bien foible en aimant,
Quand l'objet qu'on aime est charmant !
  C'est d'abord un soupir,
    Ensuite un desir,
      Puis le plaisir.
      Comment se défendre,
Lorsqu'Amour nous donne un cœur tendre ?
      Un Amant qui plaît
        Est si bien fait
        Pour tout entreprendre !
On est bien foible en aimant, &c.

Est-ce bien loin que l'on fuit,
Quand l'Amant qu'on aime nous fuit ?
  Il fait tendre ses lacs :
    L'Amour, bientôt las,
      Fait un faux pas ;
      Et l'honneur austere
Nous dit : Fuyez, fuyez, Bergere,
      L'Amour est trompeur ;
        Et notre cœur
        Nous dit le contraire.
Est-ce bien loin que l'on fuit, &c.

LA ROSE.

Tendre fruit des pleurs de l'Aurore,
Toi, dont Zéphire va jouir ;
Reine de l'Empire de Flore,
Hâte-toi de t'épanouir !

✤✤

Que dis-je, hélas ! crains de paroître,
Diffère un moment de t'ouvrir ;
L'instant qui doit te faire naître,
Est celui qui doit te flétrir.

✤✤

Thémire est une fleur nouvelle,
Qui subira la même loi :
Rose, tu dois briller comme elle ;
Elle doit passer comme toi.

✤✤

Quitte cette tige épineuse ;
Va l'embellir de tes couleurs :
Tu dois être la plus heureuse,
Comme la plus belle des fleurs.

✤✤

Va, meurs sur le sein de Thémire ;
Qu'il soit ton trône & ton tombeau :
Jaloux de ton sort, je n'aspire
Qu'au bonheur d'un trépas si beau.

✤✤

K 4

Suis la main qui va te conduire
Du côté que tu dois pencher ;
Éclate à mes yeux, sans leur nuire ;
Pare son sein, sans le cacher.

Mais si quelque autre main s'avance,
Si quelque Amant est mon égal,
Emporte avec toi ma vengeance,
Garde une épine à mon rival.

Tu vivras plus d'un jour, peut-être,
Sur l'autel que tu dois parer ;
Un soupir t'y fera renaître,
Si Thémire peut soupirer.

Fais-lui sentir, par mes alarmes,
Le prix du plus grand des biens ;
En voyant expirer tes charmes,
Qu'elle apprenne à jouir des siens.

M. BERNARD.

COUPLETS

CHANTÉS à deux jolies Femmes, dans un
Souper.

AIR *des Folies d'Espagne.*

BELLE Rosine, & vous, belle Cécile,
Également vous savez nous charmer ;
Entre vous deux, le choix est difficile :
En vous voyant, il faut pourtant aimer.

Je ne sais qui de vous doit mieux plaire,
Ou par l'esprit, ou bien par le minois :
Amis, peut-on mieux décider l'affaire,
Qu'en les aimant toutes deux à la fois ?

Je demandois jadis aux Dieux propices,
Après ma mort, d'aller aux lieux charmans,
Où la Beauté, d'un torrent de délices,
Doit enivrer les heureux Musulmans.

Mais, près de vous, je ne desire guere
Le Paradis qu'inventa Mahomet ;
Je reste ici, puisque j'ai, sur la terre,
Tous les plaisirs qu'au ciel il nous promet.

M. BLIN DE SAINMORE.

L'AMITIÉ IMPOSSIBLE.

AIR : *L'avez-vous vu, mon bien-aimé ?*

TU veux des vers pour l'amitié :
  En Chanson que lui dire ?
C'est un sentiment oublié,
  Dès qu'on te voit sourire.
On n'a point d'amis à vingt ans :
Flore, Hébé, n'ont que des Amans,
    C'est aux Zéphirs,
    C'est aux Plaisirs,
  A tresser ta couronne :
Du printems goûtons les loisirs,
  Avant ceux de l'Automne.

M. DORAT.

LA SAGESSE A LA MODE.

AIR *de Manon Giroux.*

J'ARRIVE à pied de Province
    Par le grand chemin ;
Si mon équipage est mince,
    Mon œil est mutin :
Mais ma vertu sans nuage
    Toujours restera ;
Je veux être toujours sage :
    M'aime qui voudra !

Un jour, sortant de l'Eglise,
    Un petit Plumet
Me dit : Vous êtes mal mise ;
    Venez, mon poulet !
Je veux vous mettre en ménage :
    Cela me tenta.
Désormais je serai sage ;
    Passons celui - là !

Je vis un Académiste,
    Jeune & fait au tour,
Qui me suivoit à la piste
    Dans le Luxembourg ;

C'est un oiseau de passage :
  Qu'importe cela ?
Désormais je serai sage ;
  Encor celui-là !

**

Un Gascon me dit : Petite ,
  Entre à l'Opéra ;
Je m'en charge , tout de suite
  On t'y recevra.
Il veut un droit de courtage ,
  Qu'on devinera :
Désormais je serai sage ;
  Encor celui-là !

**

Apprendre un mois la musique ,
  Coûte trois louis ;
Le Maître , un jour , me réplique ,
  Pour toi , point de prix :
Si tu veux , l'apprentissage
  Rien ne coûrera.
Désormais je serai sage ;
  Encor celui-là !

**

Un Coureur , avec mystere ,
  Entre sans frapper :
Monseigneur ici va faire
  Porter à souper,

Rien ne flatte davantage
  Que cet honneur-là.
Désormais je serai sage ;
  Encor celui-là !

Demeurer au quatrième ,
  Me semble indécent ;
C'est blesser le rang suprême
  De fille à talent :
A Noël , au bel étage ,
  Un Duc me mettra.
Désormais je serai sage ;
  Encor celui-là !

Je vois , à vingt écus l'aune ,
  A la Barbe d'or ,
Certaine étoffe à fond jaune
  Qui me convient fort :
Damis , pour l'avoir , en gage
  Met tout ce qu'il a.
Désormais je serai sage ;
  Encor celui-là !

Ce meuble de brocatelle
  N'est pas bien choisi :
Lise a du damas chez elle,
  Blanc & cramoisi :

Milord m'en donne un ; je gage
  Qu'on en parlera.
Désormais je ferai sage ;
  Encor celui-là !

❖

Vous n'avez rien aux oreilles ,
  Cela n'est pas bien ;
Voici qui fait à merveilles ,
  Des boucles de chien :
Comment tenir son courage
  A ce propos-là ?
Désormais je ferai sage ;
  Encor celui-là !

❖

Passant au quai de l'Horloge ,
  Je donnai dans l'œil
D'un gros Sous-Fermier qui loge
  Quartier Montorgueil ;
Martin vernit l'équipage
  Qu'il me donnera.
Désormais je ferai sage ;
  Encor celui-là !

❖

Certain Chef de la Finance ,
  Seigneur obligeant ,
S'offre à troquer ma faïance
  Pour des plats d'argent :

Refuſer n'eſt pas d'uſage ;
  Qu'eſt-ce qu'on dira ?
Déſormais je ſerai ſage ;
  Encor celui-là !

Deux Mouſquetaires me virent
  Dans un cul-de-ſac ;
Très-poliment ils m'offrirent
  Tous deux du tabac :
N'en avoir qu'un, c'eſt dommage !
  L'autre m'en voudra :
Déſormais je ſerai ſage ;
  Encor ces deux-là !

M. le Marquis DE V**.

LE CHARME DE L'AMOUR.

AIR : *Vous qui, du vulgaire stupide.*

L'EAU qui caresse ce rivage,
La rose qui s'ouvre au zéphir,
Le vent qui rit sous ce feuillage,
Tout dit qu'aimer est un plaisir :
De deux Amans, l'égale flamme
Sait doublement les rendre heureux :
Les indifférens n'ont qu'une ame ;
Lorsque l'on aime, on en a deux.

M. DE SAINT-PÉRAVI.

A MADAME **.

LE connois-tu, ma chere Éléonore,
Ce tendre enfant qui te fuit en tout lieu,
Ce foible enfant, qui feroit tel encore,
Si tes regards n'en avoient fait un Dieu ?

C'eft par ta voix qu'il étend fon empire :
Je ne le fens qu'en voyant tes appas ;
Il eft dans l'air que ta bouche refpire,
Et fur les fleurs qui naiffent fous tes pas.

Qui te connoit, connoîtra la tendreffe ;
Qui voit tes yeux, en boira le poifon :
Tu donnerois des fens à la fageffe,
Et des defirs à la froide raifon.

M. le C. D. B.

L

AU VIN.

AIR *de Joconde.*

IL n'est rien, dans tout l'univers,
  Qui ne te rende hommage ;
Jusqu'à la glace des hivers,
  Tout est pour ton usage :
La terre fait, de te nourrir,
  Sa principale gloire ;
Le soleil luit pour te mûrir :
  Moi, je vis pour te boire.

LA VRAIE PHILOSOPHIE.

AIR : *Réveillez-vous, belle endormie.*

L'AMOUR de la Philofophie
Avançoit pour moi la faifon
Où la fombre mélancolie
S'honore du nom de raifon.

❖❖

Quelle erreur ! dans la folitude,
Je paffois les nuits & les jours :
Ah ! peut-on donner à l'étude
Un tems que l'on doit aux amours ?

❖❖

Je vois Thémire... & dans mon ame,
Le fentiment renaît foudain ;
Ses yeux ont allumé la flamme
Qui vient de réchauffer mon fein.

❖❖

Ah ! comment pourrois-je encor lire
Loke, de fes rivaux vainqueur ?
Je n'écoute plus que Thémire :
Ma feule étude, c'eft mon cœur.

❖❖

Neuton, c'est en vain que tu m'ouvres
Un chemin brillant dans les cieux :
Les grands secrets que tu découvres,
Sont moins qu'un regard de ses yeux.

Eh ! que m'importe, en un système,
De trouver l'ordre & la clarté ?
C'est dans le cœur de ce que j'aime,
Que je trouve la vérité.

Une ame & si belle & si pure,
Les attraits qui m'ont su charmer....
C'est pour moi toute la nature :
Aujourd'hui, je ne sais qu'aimer.

Quel transport, quel beau feu m'anime !
Quel bonheur pour moi d'être Amant !
Tout l'essor d'un esprit sublime
Vaut-il un tendre sentiment ?

M. le Comte DE TRESSAN.

LE COUPLE BIEN ASSORTI.

Air : *Nous jouiſſons dans nos Hameaux.*

Lisette eſt faite pour Colin,
   Et Colin pour Liſette :
Il eſt volage, il eſt badin ;
   Elle eſt vive & coquette.
Colin tolere ſes rivaux ;
   Liſette, ſes rivales :
Il prime parmi ſes égaux ;
   Elle, entre ſes égales.

Liſette amuſe mille Amans ;
   Colin, toutes les Belles :
Tous deux en amour ſont conſtans,
   Et tous deux infidèles :
Il eſt le plus beau du hameau,
   Comme elle eſt la plus belle :
Colin reſſemble au franc moineau ;
   Liſette, à l'hirondelle.

Sans ſoupirer & ſans languir,
   Ils amuſent l'abſence
Par les plaiſirs du ſouvenir
   Et ceux de l'eſpérance.

L 3

Quoiqu'ils diffipent leur chagrin
    Par quelque autre amourette,
Lifette revient à Colin,
    Et Colin à Lifette.

S'il naît quelque difpute entre eux,
    C'eft un léger orage,
Qui, bien loin de brifer leurs nœuds,
    Les ferre davantage.
Quel tort pourroient-ils fe donner,
    Également coupables?
Ah! pour ne fe pas pardonner,
    Tous deux font trop aimables!

Les foupçons jaloux, les foupirs,
    Ne troublent point leurs chaînes;
D'amour ils goûtent les plaifirs,
    Sans en craindre les peines.
Amans, voulez-vous vivre heureux?
    Prenez-les pour modèle,
Et n'imitez point dans vos feux
    La trifte tourterelle.

M. l'Abbé DE LATTAIGNANT.

LES AMOURS DE PARIS.

AIR *du Ménuet d'Exaudet.*

EN ces lieux,
Par les nœuds
Du caprice,
Une Belle nous retient;
L'engagement ne tient
Que par pur artifice;
    Faux desirs,
    Faux soupirs,
    Tout est ruse,
Et de manquer à sa foi
L'ennui porte avec soi
        L'excuse.
On sait se passer d'estime;
C'est un point que l'on supprime:
    Des travers,
    Des grands airs,
    Ton frivole,
Voilà le talent divin
Dont une femme enfin
        Est folle.

En un jour,
Notre amour
S'émancipe :
Amans sans être amoureux,
Sans bonheur être heureux,
Volage par principe,
L'agrément
D'un moment
Nous enchaîne ;
Sans plaisir on s'est uni,
Et l'on se quitte aussi
Sans peine.

LES SOUHAITS.

AIR : *Quoi ! vous partez, &c.*

POINT ne voudrois, pour bien paſſer ma vie,
Des riches dons du rivage Indien ;
Point ne voudrois des parfums d'Arabie,
Ni des tréſors du Peuple Libien :
Il ne me faut que l'amour de ma Mie ;
Pour moi, ſon cœur eſt le ſouverain bien.

D'être un Héros point ne me glorifie ;
Pour guerroyer, je ſuis trop Citoyen.
Que le François diſpute l'Acadie,
Que le Hongrois batte le Pruſſien :
Il ne me faut que le cœur de ma Mie ;
Voilà mon trône, & le reſte n'eſt rien.

De Bouchardon j'ignore la magie ;
Point ne voudrois graver comme un Ancien :
L'art de Rubens ne me fait nulle envie ;
Point ne voudrois primer le Titien :
Il ne me faut qu'un portrait de ma Mie ;
Quand je le vois, je ne deſire rien.

De l'art des vers je n'ai point la manie ;
Je connois peu le mont Aonien :
Mais de rimer s'il me prend la folie ,
Point ne prirai le Dieu Pégasien :
Il ne me faut que le nom de ma Mie ;
Pour ce seul nom , je rime & chante bien.

❦❦

Je ne veux point de la Philosophie :
Elle est trop froide , & ne conduit à rien ;
Je ne veux point savoir l'Astrologie ,
Ni disputer du vuide aérien :
Il ne me faut qu'un coup-d'œil de ma Mie ;
Voilà mon astre , il me conduira bien.

❦❦

Qu'ai-je besoin de savoir la Chymie ?
Tous ses secrets sont un foible moyen.
Qu'un autre Amant vante la Pharmacie ,
Et rende hommage au fameux Gallien :
Il ne me faut qu'un baiser de ma Mie ;
Mon cœur renaît , & je me porte bien.

❦❦

Si , par hasard , quelqu'autre fantaisie
Troubloit mes sens , Amour , sois mon soutien :
Si , par toi seul , il faut que je l'oublie ,
Cache l'erreur : car mon crime est le tien.
Il ne me faut qu'un soupir de ma Mie :
Je quitte tout , & reprends mon vrai bien.

❦❦

Souvent j'ai pris un peu de jaloufie :
Quand on eft tendre, on eft Pyrrhonien ;
Dans les tranfports de cette frénéfie ,
Tout me fait peur , difcours , gefte , maintien :
Il ne me faut qu'un fouris de ma Mie ;
Mon cœur s'appaife , & je ne crains plus rien.

Si quelque crainte alarme mon génie ,
C'eft l'abandon d'un cœur comme le fien ;
Tous les defirs de mon ame attendrie
Sont d'infpirer un feu femblable au mien.
Il ne me faut que conferver ma Mie :
Plaire toujours , c'eft le nœud gordien.

M. S**.

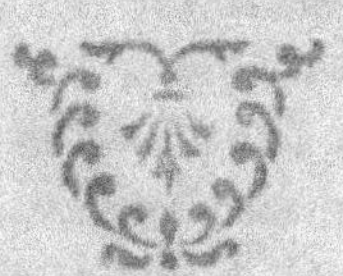

RÉPONSE.

AIR : *Quoi! vous partez, &c,*

Tout mon defir & ma plus forte envie
Auroit été d'être un nouveau Créfus :
Des riches dons d'Amérique & d'Afie,
J'aurois tâché d'amaffer tant & plus ;
Non pas pour moi, c'eût été pour ma Mie :
Sans elle, hélas! les aurois-je voulus ?

D'être un Héros, j'aurois eu la manie ;
Mars m'auroit vu fuivre fes étendards ;
L'antique amour, l'amour de la patrie,
Ne m'eût point fait affronter les hafards :
L'efpoir d'offrir mes lauriers à ma Mie,
Seul m'eût frayé la route des Céfars.

D'être un Apelle, il m'auroit pris envie,
Mais fans daigner travailler pour les Rois :
Si de Rubens imitant la magie,
La toile eût pu s'animer fous mes doigts,

Quel beau portrait j'aurois fait de ma Mie !
Je l'aurois peinte ainsi que je la vois.

*

Éterniser une flamme chérie,
Auroit été de mes vœux le premier :
Le tendre Amour, seul guide de ma vie,
Aux doctes Sœurs m'eût fait sacrifier ;
J'aurois été le Chantre de ma Mie,
J'eus mis ma gloire à la déifier.

*

En me livrant tout à l'Astronomie,
J'aurois suivi mon inclination ;
Un nouvel astre, au gré de mon envie,
Eût, de nos jours, paru sur l'horizon :
Au firmament j'aurois placé ma Mie ;
Elle eût été ma constellation.

*

Bien loin de fuir l'utile Pharmacie,
J'en aurois su braver tous les dégoûts ;
Je me serois plongé dans la Chymie,
Et les travaux m'auroient semblé bien doux,
Si quelquefois, Médecin de ma Mie,
J'eusse eu le droit de lui tâter le pouls.

*

(174)

J'aurois banni la sombre jalousie ;
L'amour sincere en écarte l'horreur ;
Trop délicat pour cette frénésie ,
D'un feu plus pur , j'aurois fait mon bonheur ;
Car , en aimant , j'eusse estimé ma Mie ;
Sans mon estime , auroit-elle eu mon cœur ?

Jamais , jamais nulle autre fantaisie
N'auroit séduit mon esprit trop charmé ;
Tous les regards d'Iris & de Sylvie
Auroient contre eux trouvé mon cœur armé.
Jusqu'au tombeau , j'eusse adoré ma Mie ,
Et Vénus même en vain m'auroit aimé.

Madame E. D. B.

LE COURTISAN DÉSABUSÉ.

AIR : *Nous sommes Précepteurs d'amour.*

Revenez, Amours enchanteurs ;
Revenez, Graces que j'adore ;
Que de vos couronnes de fleurs
Mon jeune front se pare encore !

Loin d'ici, prestiges des Cours,
Ambition, grandeur trop vaine :
Pour jamais, aux pieds des Amours,
La raison même me ramène.

Aux jeux, aux bocages rendu,
Je vais reprendre enfin ma lyre,
Et, par un hommage assidu,
Mériter que Vénus m'inspire.

Je la vois de son doux souris,
Enhardir ma Muse timide :
Je serai sûr de plaire au fils,
Si la mere à mes chants préside.

Liberté, qui fuis loin des Rois,
A Paphos reviens me conduire :
S'il me faut recevoir des loix,
Que ce ne soit que de Zémire.

Revenez, Amours enchanteurs ;
Revenez, Graces que j'adore :
Que de vos couronnes de fleurs
Mon jeune front se pare encore.

M. D'ARNAUD.

L'AMANT

L'AMANT TIMIDE.

Pour soumettre mon ame
A l'empire des plaisirs,
  Un Berger plein de flamme
M'entretient de ses desirs :
Pas-à-pas son feu le guide
Vers la route des faveurs :
Mais son cœur, encor timide,
N'ose braver mes rigueurs.

  La sagesse, trop fiere,
Me défend de l'écouter ;
  Mais, pour la faire taire,
L'ingrat n'ose assez tenter :
Que n'a-t-il assez d'adresse,
Pour dérober au devoir
Les preuves d'une foiblesse,
Que je n'ose laisser voir !

  Quand, d'un œil moins sévere,
J'écoute ses tendres feux,
  Son embarras différe
L'instant de le rendre heureux ;

M

Il craint, il tremble, il héfite;
Il avertit ma fierté,
Et la cruelle en profite,
Pour bannir fa volupté.

Hier, à la victoire
Marchant plus rapidement,
Il atteignoit la gloire
Dont on couronne un Amant :
Que n'ofoit-il davantage !
Encore un pas feulement,
La raifon laiffoit paffage
Au plaifir du fentiment.

Attribuée à M. DE VOLTAIRE.

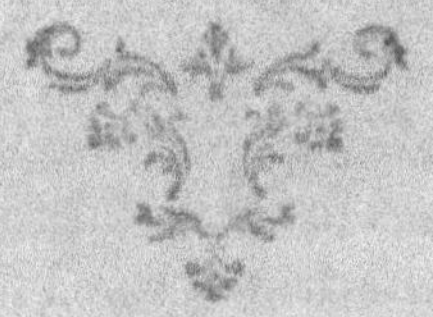

NINA,

CHANSON.

Toujours seule, difoit Nina !
L'ennui m'accablera,
Ah !
Non, ce n'eft qu'avec les Amours
Que l'on trouve les jours
Courts.
Sans Amans,
Nina perd fon tems ;
Jean paffa,
Il entendit ça ;
Il s'avança,
Et dit comm'ça :
Dam', me voilà,
Me voilà, là !

Nina court & cherche un réduit ;
Jean, voyant qu'elle fuit,
Suit :
Il la joint bientôt dans un bois,
Dont l'Amour fit cent fois
Choix.

M 2

Un faux pas,
Qu'on ne prévit pas,
Entraîna
Jean avec Nina :
Il ricana,
Et s'écria :
Dam', me voilà,
Me voilà, là !

Monsieur Jean, relevez-vous donc !
Jean répond sans façon :
Non,
Je prétends dissiper l'ennui
Qui t'a jusqu'aujourd'hui
Nui,
Sans Amans,
Tu passes ton tems ;
Si de Jean
Ton cœur est content,
Jean t'aimera
Tant qu'il pourra.
Dam', le voilà,
Le voilà, là !

Il veut mettre dans son corset
Un bouquet qu'il avoit
Fait,

Votre main va je ne sais où :
Finissez ! êtes-vous
Fou ?
Quoi ! déjà
Vous vous fâchez, dà !
C'est en vain,
Et j'irai mon train.
Que faire à ça ?
Mets-le donc là :
Dam' ! le voilà,
Le voilà, là !

——

Je serois plus content qu'un Roi,
Si j'obtenois de toi...
Quoi ?
Un petit baiser amoureux :
Pour mieux dire, j'en veux
Deux.
Le fripon
Les prit sans façon :
Nina fit
Du bruit ;
Jean lui dit :
Jean les vola,
Jean les rendra ;
Tiens ! les voilà,
Les voilà, là !

——

De nouveau le fournois en prend,
Puis ensuite il en rend,
Tant,
Que Nina se trouble & rougit.
L'Amour, qui la trahit,
Rit :
Il arma
Jean, contre Nina,
D'un trait sûr,
Pour vaincre un cœur dur.
Jean l'essaya,
L'Amour cria :
Dam', l'y voilà,
L'y voilà, lù !

M. LAUJEON.

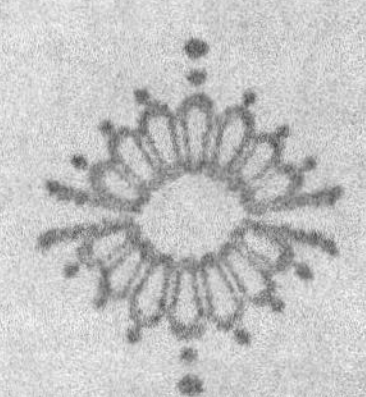

LEÇON DE POÉSIE.

A I R : *Nous sommes Précepteurs d'amour.*

V o u s voulez apprendre à rimer,
Et daignez me choisir pour Maître !
Pour peu que vous sachiez aimer,
Charmante Églé , je veux bien l'être.

Telle est la premiere leçon
Que je donne à mes Écolieres :
Si le cœur est votre Apollon ,
Vous remplacerez Deshoulieres.

L'esprit souvent parle au hasard :
La voix du cœur est toujours sûre.
Les regles sont filles de l'art :
Mais l'art est fils de la nature.

N'écoutez que le sentiment ;
Son essor est toujours sublime :

M 4

Si vous aimez bien votre Amant,
Vous ne chercherez point la rime.

L'esprit fait de fades Chansons ;
La seule vanité l'inspire :
Ovide étoit sûr de ses sons,
Lorsque l'Amour montoit sa lyre.

Aimez donc, & suivez la loi
Que lui dictoit ce Dieu suprême :
Quand vous aimerez comme moi,
Églé, vous rimerez de même.

M. DE LA PLACE.

L'AGE DU BONHEUR.

AIR : *Dodo, l'enfant do, &c.*

A MOI, charmant Anacréon !
J'invoque aujourd'hui ton génie :
Des jeux prolonger la saison,
C'est ajouter à notre vie.
Appellons ici la gaîté,
L'enjoûment & la liberté :
   Enfans de quinze ans,
  Laissez danser vos mamans.

Conviens, Amour, qu'ici des ans
Tu méconnoîtrois l'intervalle ;
La moins jeune de ces mamans,
Peut de sa fille être rivale.
Il est plus d'un mois pour les fleurs,
Et toutes les roses font sœurs.
   Enfans, &c.

Belles, qui formez des projets,
Trente ans est pour vous le bel âge;

Vous n'en avez pas moins d'attraits ;
Vous en connoissez mieux l'usage.
C'est le vrai moment d'être heureux :
On plaît autant, on aime mieux.
   Enfans, &c.

Croyez-vous que ce Dieu malin ,
Dont je chéris & crains la flamme ,
Allume aux rayons du matin
Le flambeau qui brûle notre ame ?
Son feu , si je l'ai bien senti ,
Ressemble aux ardeurs du midi.
   Enfans de quinze ans ,
   Laissez danser vos mamans.

M. M***.

A UNE JOLIE FEMME,

Habillée en Militaire, & qui avoit fait,
dit-on, six Hommes au Roi.

Air : *Il faut, quand on aime une fois.*

Tantot on vous prend pour l'Amour,
   Et tantôt pour sa Mere :
Pour vous, l'on change, en même jour,
   De goût, de caractere ;
Et vous meneriez tour-à-tour
   De Florence à Cythere.

Votre épée, aimable Guerrier,
   Nous cause peu d'alarmes :
Vous avez, mon brave Officier,
   De plus puissantes armes ;
Et ce font, brave Cavalier,
   Vos yeux remplis de charmes.

Mon beau Cornette, enrôlez-moi,
   Je suis prêt d'y souscrire ;

Car vous avez l'air , fur ma foi !
Quoi qu'on en puiffe dire ,
De faire des hommes au Roi ,
Plutôt que d'en detruire.

M. *l'Abbé* DE LATTAIGNANT.

A PHILIS.

PRENDS , ma Philis , prends ton verre ,
Buvons tous deux à longs traits ;
Rends ma bouteille légere ,
Et ne la deviens jamais.
L'Amour , qui nous verra faire ,
N'en aura pas moins d'affaire :
Il aura fon tour après.

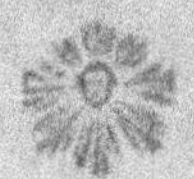

LA MANIERE FAIT TOUT.

VAUDEVILLE.

A I R : *Tout consiste dans la maniere.*

Amans, qui marchez sur les traces
Des agréables de la Cour,
Ayez de l'esprit & des graces ;
Il en faut pour faire l'amour :
Tout consiste dans la maniere
  Et dans le goût,
Et c'est la façon de le faire
  Qui fait tout.

Pour faire un bouquet à Lucrece,
Suffit-il de cueillir des fleurs ?
Il faut encore avoir l'adresse
D'en bien assortir les couleurs.
Tout consiste , &c.

L'Amant risque tout , & tout passé,
Lorsque l'on fait prendre un bon tour :

S'il est insolent avec grace,
On fera grace à son amour.
Tout consiste, &c.

⁂

De deux jours l'un , à ma Bergere ,
Je fais deux bons petits Couplets ;
Et ma Bergere les préfere
A douze , qui seroient mal faits.
Tout consiste dans la maniere
  Et dans le goût ,
Et c'est la façon de le faire ,
  Qui fait tout.

M. COLLÉ.

ROMANCE DE LUCRECE.

AIR : *L'Amour m'a fait la peinture.*

Dans cette belle contrée,
Où le Tibre, en ses replis,
Roule son onde dorée,
Ma vue, au loin égarée,
Erroit parmi des débris.

Le Dieu des ombres légeres
M'invitoit au doux repos,
Quand d'antiques caracteres
Suspendirent mes paupieres,
Qu'alloient fermer ses pavots.

C'étoit la triste aventure
De Lucrece & de Tarquin;
J'en ai traduit la peinture :
Puisse la race future
Me savoir gré du larcin!

Lucrece est une ame tendre,
Avec un cœur vertueux :
Tarquin ne put s'en défendre ;
Et le défaut de s'entendre,
Fit le malheur de tous deux.

Un jour, tout parfumé d'ambre,
Méditant d'heureux efforts,
Il la surprit dans sa chambre :
On n'avoit point d'antichambre,
On ne siffloit point alors.

Lucrece reste muette :
Mais, prenant un autre ton,
Elle court à sa sonnette :
Il en avoit, en cachette,
Exprès coupé le cordon.

A ses pieds il tombe, il jure
Qu'il sera respectueux ;
Que sa flamme, est vive & pure :
On dit qu'en cette posture,
Un homme est bien dangereux.

Tarquin

Tarquin devint téméraire ;
Lucrece eut recours aux cris :
Elle tombe en sa bergere :
Le pied glisse d'ordinaire,
Sur un parquet sans tapis.

※※

Le remord trouble son ame ;
Jusqu'au plaisir, tout l'aigrit ;
Un poignard éteint sa flamme.
En notre siecle, une femme
A plus de force d'esprit.

M. DE SAINT-PERAVI.

CHANSON.

Tendre Amour, auteur de ma peine,
Deviens celui de mes plaisirs ;
Fais que mon aimable Climène
Soit favorable à mes desirs :
Pour l'enflammer, prends ton flambeau ;
Rends son ardeur extrême :
Mais songe à mettre ton bandeau,
De peur d'aimer toi-même.

LE BAISER DE CLORIS.

A I R : *Nous sommes Précepteurs d'amour.*

Que ne suis-je encore un enfant !
Je n'avois troupeau ni houlette ;
Je n'allois aux champs seulement,
Que pour cueillir la violette.

※

Je vis Cloris, bientôt j'aimai ;
Dieux ! que mon ame fut ravie !
Le premier vœu que je formai,
Fut de l'aimer toute ma vie.

※

Apprenez-moi, lui dis-je un jour,
Un secret que mon cœur ignore :
N'est-ce point ce qu'on nomme amour,
Qu'un feu qui brûle & qui dévore ?

※

Bel enfant, me répond Cloris,
En me donnant un baiser tendre,
Sans le savoir, tu m'as appris
Ce que de moi tu veux apprendre.

※

N 2

En grandissant, je perds son cœur ;
Elle l'a repris, l'infidelle !
Mais son baiser & mon ardeur
Me resteront en dépit d'elle.

COUPLET

TIRÉ DE LA PIECE DU DÉSERTEUR.

Vive le Vin ! vive l'Amour !
Amant & Buveur tour à-tour,
Je brave la mélancolie ;
Jamais les peines de la vie
Ne me coûterent de soupirs :
Avec l'Amour, je les change en plaisirs ;
Avec le vin, je les oublie.

M. SÉDAINE.

LES VENDANGES DE CYTHERE,

AIR : *Sortez de vos retraites.*

DANS l'Isle de Cythere,
Vénus a son pressoir,
Que, d'une main légere,
Les Amours font mouvoir :
On y puise sans cesse
Ce Nectar précieux,
Que verse la jeunesse
A la table des Dieux.

Cave où l'on est a l'aise,
Plait le mieux à Bacchus ;
Ce goût, ne lui déplaise,
Iroit mal à Vénus :
Le plus petit espace
Renferme mille appas ;
Le vin tient de la place,
Le plaisir n'en tient pas.

Tout rempli d'allégresse,
Comme on voit le glaneur
Grapiller ce que laisse
Le fer du Vendangeur ;

N 3

Armé d'une faucille ,
Dans Cythere , à son tour,
Le pauvre Hymen grapille
Les restes de l'Amour.

❋❋

Ennemi du mystere ,
Bacchus aime un séjour
Que le soleil éclaire ,
Et vendange le jour.
Vénus aime le sombre
Du plus secret réduit ;
Elle se plaît à l'ombre ,
Et vendange la nuit.

M. Dorat.

A M. COLLÉ,

AUTEUR DE LA PARTIE DE CHASSE.

AIR : *Et zon, zon, zon, que le vin est bon !*

Jadis à table, entre les pots,
Rouloient & couplets & bons mots :
  Cette joie est bannie !
Le bon air, hélas ! dans Paris,
Déclare roturiers les Ris !
  Décemment on s'ennuie.
Gens qui se disent du bon ton,
Ne veulent plus qu'on chante : Zon,
    Et bon, bon, bon,
  Que le vin est bon !
  Il console la vie.

De Momus joyeux favori,
Qui, chez Michant, menant HENRI,
  Les fais trinquer à table,
Crois-tu que ce fameux Héros,
Par sa bonté, par ses propos,
  A jamais adorable,

N 4

Seroit aujourd'hui du bon ton,
Lui qui, simplement grand & bon,
Chanteroit zon,
Que le vin est bon,
Près d'un objet aimable ?

Devant l'italique fredon,
A fui la bachique Chanson
Et le gai Vaudeville ;
Tout d'un tems a fui loyauté :
Plutus est le seul Dieu fêté,
A la Cour, à la Ville ;
Et dans nos meilleures maisons,
Gens barioles de cordons,
Disent tout haut :
C'est de l'or qu'il faut,
L'honneur est inutile.

Mon cher Collé, mon vieil ami,
Toi, qui si long-tems as gémi
Du triste goût moderne,
Qu'à l'angloise, des furieux
Descendent, en bravant les cieux,
Aux gouffres de l'Averne :
Mais nous, des roses du printems,
Couronnons l'hiver de nos ans ;

Et si jamais
Nous mourons exprès,
Consentons qu'on nous berne.

Malgré le siecle où nous vivons,
Osons donner pour compagnons
Les Ris à la Vieillesse :
A l'exemple d'Anacréon,
Il faut, dans l'arriere-saison,
Égayer la sagesse,
Et souvent, le verre à la main,
Dire à Philis : « Objet divin,
» Versez tout plein ;
» Beaux yeux & bon vin,
» Rappellent la Jeunesse ».

M. Saurin.

L'AIMABLE HOTESSE.

AIR : *Nous sommes Précepteurs d'amour.*

LA Maitresse du Cabaret
Se devine sans qu'on la peigne :
Le Dieu d'amour est son portrait ;
La jeune Hébé lui sert d'enseigne.

Bacchus, assis sur son tonneau,
La prend pour la fille de l'Onde :
Même en ne versant que de l'eau,
Elle a l'art d'enivrer son monde.

M. le C. DE B**.

LE PARADIS TERRESTRE.

A I R : *Ne v'là - t - il pas que j'aime ?*

Que l'on goûte ici de plaisirs !
   Où pourrions-nous mieux être ?
Tout y satisfait nos desirs,
   Et tout les fait renaître.

Nest-ce pas ici le Jardin
   Où notre premier pere,
Trouvoit sans cesse sous sa main
   De quoi se satisfaire ?

Ne sommes-nous pas encor mieux
   Qu'Adam dans son bocage ?
Il n'y voyoit que deux beaux yeux ;
   J'en vois bien davantage !

Dans ce Jardin délicieux,
   On voit aussi des pommes,
Faites pour charmer tous les Dieux
   Et damner tous les hommes.

Amis , en voyant tant d'appas ;
    Quels plaisirs sont les nôtres !
Sans le péché d'Adam , hélas !
    Nous en verrions bien d'autres !

❧❧

Il n'eut qu'une femme avec lui ,
    Encor c'étoit la sienne :
Je vois ici celle d'autrui ,
    Et n'y vois pas la mienne.

❧❧

Il buvoit de l'eau tristement ,
    Auprès de sa compagne :
Nous autres , nous chantons gaîment ,
    En sablant le champagne.

❧❧

Si l'on eût fait , dans un repas ,
    Cette chere au bon-homme ,
Le gourmand ne nous auroit pas
    Damné pour une pomme.

M. L. D. D. N.

❧❧

COUPLETS

Sur un Café mêlé de Danses & de
Décorations.

Air : *Jusques dans la moindre chose.*

Tandis que de nos bocages
L'hiver ternit les couleurs,
Quel art a, sous ces ombrages,
Créé des berceaux de fleurs ?
Ah! je ne puis méconnoître
Le Dieu qui les reproduit :
Le plaisir les fait renaître,
Lorsque l'hiver les détruit.

Ici, le plaisir rassemble
Bacchus, l'Amour & les Jeux ;
Ici, folâtrent ensemble
Les plus aimables des Dieux.
Sous cet éclatant feuillage,
Cent Beautés que j'apperçois,
Sont des roses du même âge :
L'œil hésite sur le choix.

Parcourez ces fleurs nouvelles
Vous, dont le cœur fait aimer
Au milieu de tant de Belles,
Il est doux de s'enflammer.
Propos tendres, soins aimables,
Prodiguez tout en ce séjour,
Et semez autour des tables
Les jolis riens de l'Amour.

Le jeune Zéphir caresse
Trente roses à la fois;
Comme lui, volez sans cesse :
D'un Café ce sont les loix.
Ne choisir qu'une Bergere,
C'est être injuste envers cent :
Lorsque toutes savent plaire,
C'est vertu d'être inconstant.

Aux clartés étincelantes
De ces flambeaux allumés,
Les Beautés sont plus brillantes,
Leurs yeux sont plus animés,
Par de secretes magies,
Tous les sens sont excités ;
Le jour tremblant des bougies,
Est le jour des voluptés.

Ici la Coquette attire,
La Dédaigneuse fourit,
L'Indifférente foupire,
La Rêveufe s'attendrit,
La Nymphe, fans rien connoître,
Cependant fe fent charmer,
Et fon cœur commence à naître :
Car c'eft naître que d'aimer.

**

Belles, l'Amour, fur vos traces,
Fait pétiller fon flambeau ;
Pour mieux contempler vos graces,
Il fouleve fon bandeau.
Dans vos yeux, mettez fa flamme,
Dans vos pas, fes mouvemens ;
Par l'efprit, régnez fur l'ame,
Par les charmes, fur les fens.

**

Sur-tout defirez de plaire ;
Vous plairez par ce defir :
Il fixe une ame legere ;
Il enchaine le plaifir.
A cet ordre eft-on rebelle ?
L'efprit perd de fon reffort ;
La beauté même eft moins belle ;
Et l'Amour bâille & s'endort.

**

L'Amour qui, dans cette Fête,
Pas-à-pas fuit la Beauté,
Peut trouver le tête-à-tête
Au sein de la liberté.
Souvent le Dieu du myflere,
Dans le bruit vient s'arrêter,
Et la foule eft folitaire
Pour qui fait en profiter.

Laiffez la raifon boudeufe
Seule à l'écart dans un coin ;
Ou du moins fi la grondeufe
Vous fuit, que ce foit de loin.
Le Dieu qui, pour la jeuneffe,
Créa les tendres defirs,
Fit le jour pour la fageffe,
Mais la nuit pour les plaifirs.

M. THOMAS.

LA

LA JOLIE BOUDEUSE.

AIR : *Du haut en bas , &c.*

Quand vous boudez,
Vous n'en êtes pas moins charmante :
Quand vous boudez,
Ce joli front, que vous ridez,
Prend une grace différente :
Mais vous n'avez pas l'air méchante,
Quand vous boudez.

Quand vous riez,
Que d'éclat sur votre visage,
Quand vous riez !
Jeune Iris, si vous m'en croyez,
N'affectez point un air sauvage :
Vous plaisez cent fois davantage,
Quand vous riez.

A son réveil,
Iris, plus brillante que Flore,
A son réveil,

Au sortir des bras du sommeil,
Semble une fleur qui vient d'éclore :
Céphale croiroit voir l'Aurore
    A son réveil.

M. l'Abbé DE LATTAIGNANT.

LE BON CONSEIL.

AIR de Joconde.

DU vin je suis toujours charmé,
    Quelle que soit ma chaîne ;
Lorsque je ne suis point aimé,
    Je soulage ma peine :
Mais lorsque je plais, par bonheur,
    A celle que j'adore,
Loin de ralentir mon ardeur,
    Je la redouble encore.

Écoute, Amant triste & jaloux,
    Ce que je te conseille :
Tu n'aimes pas plus des yeux doux,
    Que j'aime ma bouteille ;
Ainsi que je la traite, apprens
    A traiter ta Bergere :
Je la quitte, dès que je sens
    Qu'elle devient légere.

LE PORTRAIT D'ISMÈNE.

AIR : *Nous sommes Précepteurs d'amour.*

Amour, commence le tableau :
Qu'il sera beau, s'il est fidèle !
Voilà les couleurs, le pinceau ;
Dessine, Amour, sois mon Apelle.

L'ouvrage est digne de ta main ;
Il s'agit du portrait d'Ismène.
Sur l'albâtre d'un front serein,
Trace deux jolis arcs d'ébène.

Peins sous leur voûte un œil charmant,
Cet œil trop rigoureux peut-être,
Qui, tour-à-tour fier & touchant,
Défend le desir qu'il fait naître.

Peins, sur ses levres de corail,
Les fleurs nouvellement écloses ;
De ses dents, pour rendre l'émail,
Peins des perles, parmi des roses.

O 2

Avec art suspends ses cheveux ;
Et tresse-les en diadême...
Laisse-les flotter, si tu veux ;
Ce désordre lui sied de même.

Exprime le charme secret
De son doux & tendre sourire ;
Peins ce qu'il dit, ce qu'il promet :
Moi, je peindrai ce qu'il inspire.

M. DORAT.

L'AMOUR BIEN DÉGUISÉ.

A I R : *Ce que je dis est la vérité même.*

Comment Colin sait-il donc que je l'aime ?
  J'ai si bien feint de le haïr !
Est-ce mon cœur qui s'est trahi lui-même ?
Est-ce l'Amour qui m'a voulu trahir ?
  Avec lui, timide & farouche,
J'ai du plaisir : mais je sais le cacher,
  Je rougis si-tôt qu'il me touche,
  Je lui défends de me toucher.
Comment Colin, &c.

  Dans mes yeux il auroit pu lire :
Mais, devant lui, j'ai soin de les baisser ;
  Je contrains jusqu'à mon sourire,
  Et je lui dis de me laisser.
Comment Colin, &c.

  D'un baiser qu'il a cru me prendre,
Colin confus si-tôt veut m'appaiser :
  Je lui dis : Tu peux le reprendre,
  Je ne veux point de ton baiser.

Comment Colin fait-il donc que je l'aime ?
J'ai fi bien feint de le haïr !
Eft-ce mon cœur qui s'eft trahi lui-même ?
Eft-ce l'Amour qui m'a voulu trahir ?

M. MARMONTEL.

A UNE JEUNE FEMME,

Accouchée d'une Fille.

AIR : *De tous les Capucins du monde.*

COMME un chien, dans un jeu de quille,
On reçoit une pauvre Fille,
A l'inftant qu'elle vient au jour :
A quinze ans, quand elle eft gentille,
Elle nous reçoit, à fon tour,
Comme un chien dans un jeu de quille.

M. l'Abbé DE LATTAIGNANT.

LA FRANCHISE.

Une Fille,
Qui toujours sautille,
Dont l'air agaçant
Annonce un feu naissant;
Ferme, franche,
Beaux yeux, gorge blanche,
Cet objet est tout
Ce qui flatte mon goût.
Morbleu! quand je vois
Certaine Lucrece,
Qui des loix
D'une austere sagesse
M'entretient,
Et cent fois me tient
De ces propos
Sensés ou bigots :
Moi, sur un ton
Qui la confond,
Je lui réponds :
Une Fille, &c.

Je ris des attraits
De cette coquette,

Dont les traits
Naissent à sa toilette ;
En vain l'art
Lui prête un rempart ,
Deux fois vingt ans
Ont filé son tems.
L'art , le fracas ,
Ne valent pas
Une Fille , &c.

Pourquoi vante-t-on
Les airs de noblesse
Et le ton
De Petite-Maîtresse
D'une Iris
Qui , minaudant ,
Vous trouve excédant,
Cligne les yeux ,
Et fait des nœuds ?
J'aime bien mieux
Une Fille , &c.

LEUR GOUT,

VAUDEVILLE.

AIR : *Tout consiste dans la maniere.*

UN homme aimable, un homme à femmes,
S'il veut être l'homme du jour ,
S'il veut avoir toutes nos Dames,
Ne doit jamais avoir d'amour.
A l'Amour les voit-on se rendre ?
Point du tout :
Il est donc plus sûr de les prendre
Par le goût.

Climène a le goût des parures ;
Sapho , celui des Beaux-Esprits ;
Lucinde , le goût des voitures ;
Celui du plaisir tient Iris.
A l'Amour , &c.

Des Agnès qui n'ont pû connoître
Ni l'amour , ni la volupté,
Quel goût vous en rendra le maitre ?
Quel goût ? . . . . la curiosité.
A l'Amour , &c.

Le goût tient lieu de l'amour même ;
Chez les Amans, chez les Époux :
Dit-on, à présent, je vous aime ?
Non. L'on dit : J'ai du goût pour vous.
A l'Amour, &c.

Ce goût, dont une ame est saisie,
Et qu'on prend pour du sentiment,
Souvent n'est qu'une fantaisie :
Mais il amène le moment.
A l'Amour les voit-on se rendre ?
    Point du tout :
Il est donc plus sûr de les prendre
    Par le goût.

M. Collé.

LES FLECHES DE L'AMOUR.

A I R : *Réveillez - vous , belle endormie.*

D'un ruisseau qui coupoit la plaine ,
Mes pas suivoient chaque détour ,
Et bientôt sa course m'entraîne
Près d'un bois où dormoit l'Amour.

Ses traits , sur un tapis de mousse ,
Sont répandus à ses côtés ;
Qu'un autre que moi les émousse :
J'aime jusqu'à leurs cruautés.

Mais, voyant leur plume légere
Différer en tout à mes yeux ,
Je m'occupe de ce mystere ,
Dont mon esprit est curieux.

L'Amour s'éveille; je frissonne :
Ami , dit-il , avec bonté ,
De ce prodige qui t'étonne ,
Tu vas percer l'obscurité.

Ai-je à frapper l'ame inquiette
De quelque Amant sombre & jaloux :
Je choisis alors la sagette,
Où font les plumes des hiboux.

✻

Pour le Disciple d'Épicure,
Le sentiment est sans attraits :
Quand je lui fais une blessure,
Les moineaux ont paré mes traits.

✻

L'aiglon est pour le téméraire,
Le serein pour les beaux conteurs ;
Pour le fat, toujours sûr de plaire,
Du paon j'emprunte les couleurs.

✻

Veux-je blesser un cœur fidèle,
Fait pour aimer bien constamment,
La plume de la tourterelle
A ma fleche sert d'ornement.

✻

Regarde-la, vois, qu'elle est belle !
Sur tous mes traits elle a le prix.
Ah ! m'écriai-je, Amour, c'est celle
Dont tu m'as blessé pour Iris !

M. BRET.

ROMANCE.

Air : *Quoi ! ma Voisine, est-tu fâchée ?*

Un beau Berger, sur sa musette,
    Chantoit toujours :
Il n'est point de douceur parfaite,
    Sans les Amours ;
De vos Amans, jeunes Bergeres,
    N'ayez point peur ;
Ils ont, quoi qu'en disent vos meres,
    Ils ont un cœur.

Souvent Ismène alloit se rendre
    Près du Berger,
Et prenoit plaisir à l'entendre,
    Sans y songer.
Elle apprit bientôt, la pauvrette !
    Pour son malheur,
Qu'on peut, pour une Chansonnette,
    Donner son cœur.

Aujourd'hui, la plaintive Ismène
    N'a plus d'Amant,
Et tout le long de la semaine,
    Va répétant :

Défiez-vous de la voix tendre
    D'un séducteur :
Hélas ! sans celle de Sylvandre ,
    J'aurois mon cœur !

M. Léonard.

LA DÉCLARATION INGÉNIEUSE.

Quand je vous jure , Iris , que j'aime ,
    Vous ne me croyez pas ;
Ou , pour n'en plus douter , vous voulez qu'à vous-
        même ,
Je nomme la Beauté dont je sers les appas :
Mais en vain , aujourd'hui , vous m'assurez encore
De garder un secret qui me paroît si doux.
Si je vous le disois , la Beauté que j'adore ,
    Le sauroit aussi-tôt que vous.

M.^e DE LA B**.

ÉLOGE DE THÉMIRE.

A I R : *Si l'on peut compter sur un cœur.*

J'AI vu Thémire dans nos champs ;
Comme à la ville , elle y fait plaire :
Thémire écoutoit mes accens :
Amour , Thémire étoit Bergere ;
Elle étoit belle fans apprèts :
Les lieux où brillent fes attraits
Sont toujours ceux que je préfere.

Par la beauté , par le talent ,
De triompher , elle eft bien sûre ;
Au milieu d'un cercle brillant ,
Comme fous un dais de verdure ,
Tout , près d'elle , paroît charmant ;
De tout elle fait l'ornement ,
Et rien ne lui fert de parure.

Si l'art quelquefois la féduit ,
Dans le féjour de l'impofture ,
Cet art , qu'elle feule embellit ,
Devient rival de la nature.
Oui , c'eft une onde que les vents
Troublent pendant quelques momens ,
Mais dont la fource eft toujours pure.

M. DORAT.

A MADEMOISELLE **.

AIR : *Tant de valeur & tant de charmes.*

QUe vous avez de sûres armes,
Pour mettre un Amant sous vos loix !
Vous séduisez, par votre voix,
Les cœurs échappés à vos charmes.

Les Amours volent sur vos traces,
Charmés de vos tendres Chansons ;
Vous les attirez par vos sons,
Et les retenez par vos graces.

M. *l'Abbé DE LATTAIGNANT.*

LA

LA VIEILLESSE.

AIR : *Que ne suis-je la fougere !*

QUAND la vieillesse commence,
La douceur de soupirer
Est l'unique jouissance
Qu'il soit permis d'espérer.
L'Amour fuit : l'Amitié tendre
Ose alors lui ressembler,
Mais trop peu pour rien prétendre,
Assez pour nous consoler.

Adieu, folle & douce ivresse,
Que je pris pour le bonheur !
J'eus des sens dans ma jeunesse :
Il me reste encore un cœur.
Que celle à qui je le donne
Daigne en approuver l'ardeur ;
Je dirai : Mes jours d'automne
Ont encor quelque chaleur.

Pour l'Amour, tout est martyre,
Enthousiasme ou fureur ;
Pour l'Amitié qui soupire,
Tout est plaisir & faveur.

P

Églé règne sur mon ame ,
Sans en troubler le repos ,
Et mes desirs & ma flamme ,
N'alarment point mes rivaux.

Je la verrai poursuivie
Par la foule des Amours,
Et le déclin de ma vie
Jouira de ses beaux jours.
Tel , sur sa tige inclinée ,
Un vieux chêne de cent ans
Croit renaître , chaque année ,
Avec les fleurs du printems.

M. MOREAU.

L'EXCUSE.

AIR : *Babet , que t'es gentille !*

J'AVOIS cru que l'Amour
Ne pourroit me surprendre ;
Mais Colin , à mon tour,
M'a forcé de me rendre :
  Il vint , une fois ,
  Me trouver au bois ;
J'en fus toute inquiete.
D'abord je songe à me cacher ;
Sur mes pas je le vois marcher :
Qu'aurois-je fait pour l'empêcher ?
  Maman , j'étois seulette !   *Bis.*

Pourquoi me fuyez-vous ,
Dit-il , belle Lisette ?
Soudain , à mes genoux,
Le voilà qui se jette :
  Il me prend la main ;
  Quel est son dessein ?
Je crains, & je souhaite.
Un Amant fait pour tout oser ,
Ne demande qu'un doux baiser :
Pouvois-je , hélas ! le refuser ? *Bis.*
  Maman , j'étois seulette !

COUPLET

Chanté devant plusieurs jolies Femmes.

AIR : *Lison dormait dans un bocage.*

DE ces beaux lieux, Nymphes charmantes,
Qui de vous obtiendra le prix ?
Au même degré séduisantes,
Vous enchantez l'œil indécis.
Esprit, gaîté, graces, décence,
Dans quel embarras me voilà !
Attraits par-ci, charmes par-là,
Tiennent tous nos cœurs en balance ;
Flore est ici, Vénus est là :
Ma foi ! choisisse qui pourra.

M. DORAT.

BACCHUS ET L'AMOUR.

Air *du Vaudeville d'Épicure.*

Vous qu'ici l'amitié raſſemble,
Tendres Amans, heureux Buveurs,
Du Dieu que nous ſervons enſemble,
Chantons tour-à-tour les faveurs :
Du nom du Dieu que l'Inde adore,
Buveurs, rempliſſez ce ſéjour ;
Et vous, Beautés jeunes encore,
Sans le nommer, chantez l'Amour.

Le loiſir plaît à la tendreſſe :
Mais Bacchus fuit un vil repos ;
Le Buveur peut jouir ſans ceſſe :
L'Amant ne jouit qu'à propos.
Le Buveur, dans ſa folle ivreſſe,
Se croit un Roi toujours vainqueur :
L'Amant, ſoumis à ſa Maîtreſſe,
Ne veut régner que ſur ſon cœur.

Dans cette brillante fougere,
Quand Tircis verſe un vin charmant,
Amour, ſur ſa mouſſe légere,
Me peint les traits de mon Amant ;

P 3

Je réunis tout ce que j'aime :
Ma bouche aspire la liqueur,
Et fait passer, à l'instant même,
Bacchus & l'Amour dans mon cœur.

Ainsi que l'Enfant de Cythere,
Le Dieu du Vin est délicat ;
Tous les deux aiment le mystere ;
Tous les deux redoutent l'éclat.
Dès que ma bouteille est ouverte,
Le vin s'évapore ou s'aigrit :
Dès qu'une intrigue est découverte,
L'Amour s'éteint ou s'affoiblit.

Au Dieu qui préside à la treille,
Amour, tu dois souvent ton prix :
Sylvandre, armé d'une bouteille,
Sait enfin triompher d'Iris ;
Le verre à la main, elle oublie
Et son devoir & le danger :
L'Amant triomphe, & Bacchus crie :
Mon heure est celle du Berger.

❦❦

D'un Amour délicat & tendre,
Chers amis, célébrons le prix ;
Vous, Buveurs, imitez Sylvandre :
Nous pourrons imiter Iris.

A Bacchus donnons la journée ;
Réfervons les nuits à l'Amour :
L'un peut renaître avec l'année ;
Quand l'autre fuit, c'eft fans retour.

CHANSON DE TABLE.

AIR : *Quoi ! ma Voifine, es-tu fâchée ?*

QUE la contrainte foit bannie
   De ce féjour ;
N'y fouffrons point la tyrannie
   Du Dieu d'Amour :
Hôteffe charmante, aimable Hôte,
   De tout côté,
L'un nous donne & l'autre nous ôte
   La liberté.

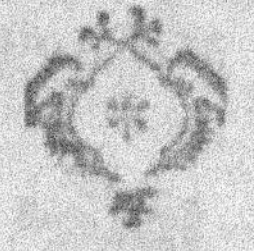

LA FONTAINE DE JOUVENCE.

A I R : *Réveillez - vous , belle endormie.*

L'AUTRE matin, je vis Thémire ;
La Belle a neuf luſtres paſſés :
Mais on m'honora d'un ſourire ,
Et voilà dix ans d'effacés.

A cet âge, on eſt peu farouche ,
Sur-tout quand on eſt ſans témoins ;
Je cueille un baiſer ſur ſa bouche ,
Et c'eſt encor dix ans de moins.

Un ſoupir alors m'encourage ;
Déjà, dans mes tranſports brûlans ,
Tous ſes appas ſont au pillage ,
Et voilà Thémire à quinze ans.

M. MASSON DE MORVILLIERS.

ROMANCE DE M. V**.

Sur la mort de sa Femme.

N'EST-IL, Amour, sous ton empire,
    Que des rigueurs ?
S'il faut prévoir, quand on soupire,
    Tous les malheurs,
Tes biens n'offrent qu'un vain délire
    Aux tendres cœurs.

J'aimois une jeune Bergere,
    Belle à ravir ;
Cent rivaux, jaloux de lui plaire,
    Vinrent s'offrir :
Que d'efforts il me fallut faire,
    Pour les bannir !

J'obtins enfin, par ma constance
    Un tendre aveu ;
Ce moment seul, lorsque j'y pense,
    Combla mon feu :
Mais cette douce jouissance
    Dura bien peu.

Un mal affreux pour une Belle
  Un jour la prend :
Dieu ! m'écriai-je , sauvez celle
  Que j'aime tant ;
Qu'elle vive laide & fidelle :
  Je suis content.

***

Le mal , qui porte son ravage
  Ju'ques au bout ,
Changea les traits de son visage ,
  Mais non mon goût.
Ah ! la beauté n'est qu'une image :
  Le cœur est tout.

***

Après tant de maux & de larmes ,
  J'étois en paix :
Mais il falloit d'autres alarmes
  Sentir les traits.
Cruel Amour ! pour qui tes charmes
  Sont-ils donc faits ?

***

Après dix mois de mariage ,
  Instans trop courts !
Elle alloit me donner un gage
  De nos amours ;
La Parque cruelle & sauvage
  Trancha ses jours.

***

Cette jeune & tendre Bergere,
   Prête à mourir ,
Me dit : « Ferme-moi la paupiere,
   » Prends ce soupir ;
» Garde de ma flamme sincere
   » Le souvenir ».

Oui , chaque jour , Dieu que j'atteste !
   Je m'en souvien ;
Ce souvenir cher & funeste
   D'un doux lien
Est le seul trésor qui me reste :
   C'est tout mon bien.

Vous , que jamais l'Amour ne blesse
   D'un trait vainqueur ,
Le calme & la paix font sans cesse
   Dans votre cœur :
Mais , hélas ! vivre sans tendresse ,
   Est-ce un bonheur ?

M. Verne , de Genève.

A UNE DAME,

Qui demandoit un In-promptu.

EN In-promptu ! . . .
Moi, je n'ai chanté de ma vie,
En In-promptu ;
Mais que vos yeux ont de vertu !
Ma foi ! quand on est si jolie,
On a bien droit d'être servie
En In-promptu !

M. l'Abbé DE LATTAIGNANT.

COUPLETS

POUR LA FÊTE D'ALEXANDRINE.

AIR : *Fournissez un canal au ruisseau.*

EN dépit de l'hiver & des vents
Qui viennent dépouiller la terre,
L'Amour garde un arriere-printems,
Et de fleurs tient pour vous une serre;
Il vous les prodigue à foison
Dans la plus aimable des sêres :
Nous voyons regner où vous êtes,
Toujours la belle saison.

Les fleurs du Pinde ont plus de parfum :
Mais il faut qu'elles soient choisies;
Sans quoi, c'est un présent bien commun,
Qui vaut moins que l'herbe des prairies.
Apollon cueille ces bouquets,
Et souvent il en fait cachette :
Mais, pour vous, toujours il nous prête
La clef des divins bosquets.

Mes amis, de plaire on eſt certain,
  Qu'on la chante, ou qu'on parle d'elle;
Le nom d'Alexandrine, en refrain,
Donne à l'air une grace nouvelle :
  Mais, lorſqu'on vante ſes façons,
  Ses beaux yeux, ſa taille légere,
Sa gaité, ſon talent de plaire,
  Ce ne ſont point des chanſons.

M. LE MIERE.

L'ESCLAVAGE VOLONTAIRE.

AIR : *Nous sommes Précepteurs d'amour.*

MA Nœris avoit irrité
Ce bel enfant, Roi de la terre :
Eh quoi ! l'Amour & la Beauté
Sont-ils donc faits pour être en guerre ?

La paix se conclut un beau jour :
Mais Nœris avoit quelque ombrage,
Et près d'elle, aussi-tôt l'Amour
Voulut me laisser pour ôtage.

J'y suis encore. Ah ! désormais,
Plus de rançon ! car cette Belle
Sur moi veut régner à jamais :
Moi, je veux servir auprès d'elle.

O Nœris ! prolongeons le cours
De notre flamme printaniere :
Le Dieu des cœurs fait les beaux jours,
Plus que le Dieu de la lumiere,

Quand Zéphir a quitté les airs ,
Si l'oiseau pleure son absence ,
C'est que le retour des hivers
Le condamne à l'indifférence.

Mais pour nous deux , toujours contens
Dans notre chaîne fortunée ,
Toute l'année est un printems :
Car nous aimons toute l'année.

M. Imbert.

LES

LES REGRETS DE L'ABSENCE.

Air : *Des simples Jeux de mon Enfance.*

Des Amours, fidèle interprete,
J'ose te confier mes feux ;
Gémis, solitaire musette,
Lisis est absent de ces lieux :
Mais il est toujours dans mon ame ;
Ses traits y sont toujours nouveaux :
Ne m'entretiens que de sa flamme,
Et du dépit de ses rivaux.

Il n'est plus ni fleurs, ni verdure ;
Ces troupeaux paissent tristement ;
Cette onde jette un long murmure ;
Tout ici pleure mon Amant :
Du rossignol, la voix si tendre
Semble avec moi le regretter ;
Ah ! fais qu'il croie encor l'entendre :
Il se taira pour l'écouter.

Cher Lisis, quelle est mon ivresse !
Ces sons, perdus dans mes soupirs,
Ajouteroient à ma tristesse,
En me rappellant mes plaisirs.
Rassure une Amante inquiette ;
Ne diffère plus ton retour ;
Viens, & fais taire ma musette,
En me parlant de ton amour.

M. DORAT.

A LA PRINCESSE DE*,

HABILLÉE EN CORDELIER.

AIR : *Turelure.*

FRERE Ange de Charolois,
Dis-moi par quelle aventure,
Le cordon de Saint François
Sert à Vénus de ceinture ?

M. DE VOLTAIRE.

LA POMME.

AIR : *De tous les Capucins du monde.*

DE vous j'eusse reçu la pomme,
Si j'eusse été le premier homme,
Tant vous avez de droits sur moi !
Si, par une autre destinée,
De Pâris j'avois eu l'emploi,
Cloris, je vous l'aurois donnée.

Jadis, deux autres Immortelles,
Plus que Vénus se croyant belles,
De l'avoir osoient se flatter :
Mais de votre sexe personne
N'ose ici vous la disputer,
Et tout le nôtre vous la donne.

M. l'Abbé DE LATTAIGNANT.

L'ENNUI PHILOSOPHIQUE.

AIR : *Dans ma Cabane obscure.*

QUAND l'humeur vient me prendre,
Lorsque je fais du noir,
J'écoute sans entendre,
Je regarde sans voir.
Si de ma léthargie
Je sors par un soupir,
Je sens que je m'ennuie :
Ça fait toujours plaisir.

Madame la Marquise DU DEFFANT.

A MADEMOISELLE,

Que l'Auteur appelloit sa Femme.

Air : *Pour la Baronne.*

Que de ma Femme
J'aime le folâtre enjoûment !
Constant dans ma nouvelle flamme,
Je ne serai jamais l'Amant
    Que de ma Femme.

    Les plus sauvages
Des habitans de l'Univers,
Lui rendroient d'amoureux hommages ;
Elle embelliroit les déferts
    Les plus sauvages.

    De sa toilette,
L'art n'ordonne point les attraits ;
Lys & roses, rien n'est d'emplette :
La nature fit tous les frais
    De sa toilette.

Q 3

Sous cette gaze,
Oh! quels objets délicieux!
A leur aspect, mon cœur s'embrâse :
Ne porterai-je que les yeux
Sous cette gaze.

M. SAUTEREAU DE BELLEVAUD.

A DÉLIE.

AIR : *Que ne suis-je la fougere ?*

C'EST pour vous que je respire ;
Mes vrais biens sont mes amours :
Vous avez sur moi l'empire
Que les Dieux ont sur vos jours.
Quand je vous vois, tout s'éclaire,
Tout me paroît s'enflammer :
L'Amour vous forma pour plaire ;
Les Dieux m'ont fait pour aimer.

DAPHNÉ,

COUPLETS A MADAME B***.

AIR : *Nous jouiſſons dans nos Hameaux.*

VOUS retracez tous les appas
  De cette Nymphe agile,
Dont Apollon ſuivit les pas,
  Sans la rendre docile ;
Vous avez les traits auſſi doux,
  Et la taille auſſi belle :
Mais qu'il faudra nous plaindre tous,
  Si vous courez comme elle !

De la même légéreté
  Duſſiez-vous être ſûre,
Que le prix me ſoit préſenté,
  Je tente l'aventure.
L'Amour me rendra plus léger ;
  J'en attends la victoire ;
Et ſi vous devenez laurier,
  Je reviens à la gloire.

Q 4

Ah ! quand vous auriez le secours
  Des antiques prestiges,
Croyez-moi, n'ayez point recours
  A de pareils prodiges.
Connoissez mieux tout le danger
  D'une métamorphose :
Vous ne pouvez jamais changer,
  Sans perdre quelque chose.

M. DE LA HARPE.

A MADEMOISELLE R....,

AUJOURD'HUI MADAME D'EG....

AIR : *J'aime une ingrate Beauté.*

BERGERS, je viens avec vous
Chanter l'aimable Sophie ;
Ce soin doit vous être doux :
Heureux qu'on vous le confie !
  Les tréfors du printems
  Ornent déjà fa tête :
  Uniffons nos accens ,
  Pour célébrer fa fête.

Les oifeaux , de leurs chanfons ,
Font retentir ce bocage ;
Le thym , fur nos verds gazons ,
Renaît pour lui rendre hommage :
  L'importune chaleur
  Se diffipe à fa vue ,
  Et la plus douce odeur
  Annonce fa venue.

A fes pieds , le jeune agneau
Bondit d'aife fur l'herbette ;
Sa voix rend un fon plus beau,
Que celui de ma mufette :

Jusques dans nos forêts,
Elle entraîne les Graces ;
Et pour voir tant d'attraits,
Pan vole fur fes traces.

Le foir, quand de nos ruiffeaux
Elle cherche l'onde pure,
Zéphyre, entre les rofeaux,
Éleve un tendre murmure :
La Nayade rougit
De n'être pas fi belle ;
Dans l'eau, mon cœur la fuit,
Et s'y baigne avec elle.

Dans nos prés, fa belle main
Change en fleurs ce qu'elle touche ;
Les Jeux careffent fon teint,
Et les Ris ouvrent fa bouche :
Elle allume des feux
Dont fa rigueur s'amufe :
L'amour brille en fes yeux,
Et fon cœur s'y refufe.

M. P. DE M***.

A MADAME**.

AIR des *Francs-Maçons*.

Consolez-vous, si le bel âge
  Fuit d'un vol léger :
L'esprit fait de ce vain partage
  Vous dédommager.
L'esprit, sur vos riantes traces,
Fixe les rofes du printems :
Il n'eft qu'un âge pour les Graces,
Et Minerve eft de tous les tems.

La brillante faifon de Flore
  En vain nous fourit :
La fille des pleurs de l'Aurore
  Le foir fe flétrit.
Tandis que la fage Pomone
Nous comble d'utiles faveurs,
Les préfens que nous fait l'Automne,
Pour l'hiver même ont des douceurs.

L'Amour, que la fageffe éclaire,
  Vole fur vos pas,
Et vous prêtez à l'art de plaire
  De nouveaux appas :

De fleurs les Muses couronnées,
Vous offrent leurs simples présens :
On ne compte point les années,
Où l'on compte des agrémens.

Le doux plaisir de vous entendre
  Nous ramène à vous ;
Votre raison, sans y prétendre,
  Captive nos goûts.
Votre charme sera durable ;
Le pur sentiment l'a formé :
Lorsque l'on est toujours aimable,
L'on est toujours sûr d'être aimé.

Malgré d'un magique artifice
  Les secrets vantés,
Circé vit constamment d'Ulysse
  Ses dons rejettés :
Mais si l'adroite Enchanteresse
Avoit pris votre ton vainqueur,
Ulysse eût oublié la Grece,
Et l'esprit eût fixé son coeur.

Loin de vos yeux, chassez l'image
  Du sombre avenir :
L'art de penser, pour le vrai Sage,
  C'est l'art de sentir.

D'Anacréon fidèles guides,
Les Jeux l'entourerent toujours ;
Et Saint-Évremont, dans ses rides,
Avoit retenu des Amours.

Pour moi, je brave la vieillesse :
  Elle peut venir :
J'animerai de la tendresse
  Mon dernier soupir ;
Par un aimable badinage,
Je corrigerai ma raison :
Il est des plaisirs de tout âge,
Et des fleurs de toute saison.

M. D'ARNAUD.

LA CURIOSITÉ PUNIE.

AIR : *Tout roule aujourd'hui dans le monde.*

Assis au bord d'une onde pure,
Aminte & Tircis, l'autre jour,
Oublioient toute la nature,
Et ne respiroient que l'amour ;
Je m'approchai pour les surprendre :
Un seul instant changea mon cœur ;
Des Amans je plaignois l'erreur :
Je le devins, à les entendre.

LES CAPRICES.

AIR : *Réveillez - vous , belle endormie.*

Mon destin, auprès de Climène,
Varie à chaque instant du jour ;
Un caprice inspire sa haine,
Un autre lui rend son amour.

Elle m'a dit : Lindor, je t'aime ;
Ton cœur a mérité ma foi ;
Elle m'a dit à l'instant même :
Lindor, je me moquois de toi.

Au moment où sa voix m'appelle,
Climène songe à m'éviter :
Je ne vais chercher auprès d'elle
Que le regret de la quitter.

Elle est triste dans mon absence,
Et méprise alors mes rivaux ;
Elle les vante en ma présence,
Et leur parle de mes défauts.

Mes tourmens pour elle ont des charmes ;
Elle cherche à les irriter ;
Et je la vois verser des larmes,
Lorsque je viens les lui conter.

Je lui portois les fleurs qu'elle aime ;
Elle les prit avec dédain :
Elle me donne, le soir même,
La rose qui paroît son sein.

Un jour Climène, moins cruelle,
Avoit pris soin de me calmer,
Et je m'enivrois, auprès d'elle,
Du bonheur de plaire & d'aimer.

Dans la plus profonde tristesse,
Je la vis bientôt se plonger :
Je l'offensois par mon ivresse :
Mes plaisirs sembloient l'affliger.

Elle est simple sans artifice ;
Nul Amant n'a tenté sa foi ;
Et fidelle dans ses caprices,
Elle n'aime & ne hait que moi.

Beauté

Beauté si douce & si terrible,
Souvent aimé, jamais heureux,
Que tu sois cruelle ou sensible,
Je n'en suis pas moins amoureux.

Par tes rigueurs ou ton absence,
Cesse de déchirer mon cœur ;
Je t'aimerois sans inconstance,
Quand tu m'aimerois sans humeur.

M. DE SAINT-LAMBERT.

R

A UNE DEMOISELLE,

Nommée DIDON.

AIR : *De tous les Capucins du monde.*

SI Didon, Reine de Carthage,
Eût eu tant d'attraits en partage,
Belle Didon, malgré les Dieux,
Quelque pieux que fût Énée,
Il n'en eût cru que ses beaux yeux,
Et ne l'eût point abandonnée.

Cette Reine ne fut pas sage :
De s'immoler pour un volage,
C'est outrer le beau sentiment.
Je ne sais pas si c'est le vôtre ;
Mais, lorsque l'on perd un Amant,
Je crois qu'il en faut prendre un autre.

M. l'Abbé DE LATTAIGNANT.

A MADAME***,
SUR LE GAIN D'UN PROCÈS.

AIR *des Folies d'Espagne.*

VOUS triomphez ; ma joie en est extrême :
Ah ! dès long-tems tout seroit décidé,
Si vous eussiez sollicité vous-même :
Mieux que Gerbier, vos yeux auroient plaidé.

Vos doux attraits, brillant sans artifice,
Auroient dicté les Arrêts de la Cour,
Et le bandeau de l'aveugle Justice
Auroit fait place au bandeau de l'Amour.

Enfin la Cour a jugé votre affaire :
Mais de votre ame ou bien de vos attraits,
Qui doit en vous davantage nous plaire ?
Charmante Églé, c'est encore un Procès.

M. l'Abbé DE LILLE.

COUPLET

AIR *de Joconde.*

LUBIN dit à Cloris, un jour :
Qu'on souffre quand on aime !
Je crains, dès qu'on vous fait la cour,
Votre inconstance extrême.
Je sais, lui dit-elle, à tes maux
Un remede suprême :
Veux-tu n'avoir point de rivaux ?
Il faut t'aimer toi-même.

AUTANT EN EMPORTE LE VENT.

Air : *Des simples jeux de mon enfance.*

Licidas prit, dans le bocage,
Un bel oiseau sous des buissons,
Et crut retenir le volage
Par un simple lien de joncs,
Que ta cage n'est-elle faite,
Lui disoit-il ! dès cet instant,
J'irois t'offrir à mon Annette ;
Et l'Amour fait ce qui m'attend.

Annette n'est point sévere :
Ton ramage lui plaira tant,
Que j'obtiendrai de la Bergere,
En échange, un baiser comptant.
Qu'elle m'en donne un seul bien tendre,
Annette doit me l'accorder :
Les autres, je saurai les prendre,
Si je n'ose les demander.

Il dit, & songeant à la cage,
Détache une branche d'osier,
Puis revient, ardent à l'ouvrage,
Croyant tenir son prisonnier :

R 3

Mais hélas ! il s'est fait paſſage ;
Du lien l'oiſeau s'est enfui ,
Et tous les baiſers , quel dommage !
Se ſont envolés avec lui.

M. DORAT.

LE BOUQUET.

AIR : *Nous jouiſſons dans nos Hameaux.*

EST-IL de plus douces odeurs ?
  D'où vient que je ſoupire ?
L'Amour s'est niché dans ces fleurs ;
  C'est lui que je reſpire.
Le beau Bouquet ! . . . Mais quelle ardeur !
  Je me ſens tout de braiſe :
C'est qu'il étoit contre le cœur
  De ma chere Théreſe.

M. FAVART.

A CLIMÈNE.

A I R : *Réveillez-vous , belle endormie.*

Plus je vous vois , plus je vous aime
Rien n'eſt égal à mon ardeur.
Hélas! que n'êtes-vous de même ,
Que ne fixez-vous votre cœur !

L'Aurore aime la fleur nouvelle ,
Elle aime le Zéphyr ſi doux ;
L'Amour a tant de droits ſur elle ,
Qu'elle aime juſqu'à ſon époux.

Pſyché , cette Beauté ſuprême ,
Qui de l'Amour bravoit les traits ;
Pſyché brûla pour l'Amour même ,
D'abord qu'elle eut vu ſes attraits.

Mais je vois mon erreur extrême ;
Un objet a ſu vous charmer :
Narciſſe n'aima que lui-même ,
Et c'eſt ainſi que vous aimez.

Pour finir ma cruelle peine,
Et rendre mon sort sans égal,
Par pitié, charmante Climene,
Abandonnez-moi mon rival.

A MADAME,

QUI AVOIT EMBRASSÉ L'AUTEUR.

AIR : *Vous, qui du vulgaire stupide.*

JE vous aimai dès votre enfance ;
Mais il est tems de fuir vos coups ;
J'ai bien senti mon imprudence,
En goûtant un plaisir si doux.
D'un seul baiser mon cœur frissonne,
Et c'est trop tard qu'il s'apperçoit
Que c'est l'Amitié qui le donne,
Quand c'est l'Amour qui le reçoit.

M. le Comte DE T**.

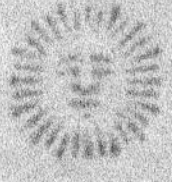

L'INCONSTANCE INNOCENTE.

AIR : *Nous sommes Précepteurs d'amour.*

IRIS, Thémire & Danaé
Ont en vain reçu mon hommage ;
N'en doutez point, belle Aglaé,
Jamais mon cœur ne fut volage.

Iris parle si tendrement,
Mon cœur est si foible & si tendre,
Que je croyois, même en l'aimant,
Vous voir, vous parler, vous entendre.

Un sourire engageant & doux,
M'enflamma bientôt pour Thémire :
J'ignorois qu'une autre que vous
Pût aussi finement sourire.

Danaé s'offrit dans le bain :
Qu'on est aveugle quand on aime !
Aux lys répandus sur son sein,
Je ne crus voir qu'Aglaé même.

Aussi, dans les plus doux plaisirs,
Je cédois à vos seules armes ;
Mon cœur ne formoit de desirs,
Que par l'image de vos charmes.

*M. le C. DE B***.*

LE DIXIEME.

AIR *de Joconde.*

LE jeune Tircis, l'autre jour,
  Par neuf baisers de suite ,
Venoit de prouver son amour
  A la jeune Hyppolite :
Elle, qui goûtoit les appas
  De ce plaisir suprême ,
Lui dit : Berger , ne sais-tu pas
  Qu'on paie le dixième ?

LE SOUVENIR.

Air : *Félicité paſſée , &c.*

Auprès de mon amie,
Je coulois d'heureux jours :
D'une ſi douce vie,
J'ai vu finir le cours.
Félicité paſſée,
Qui ne peut revenir !
Tourment de ma penſée,
Que n'ai-je, en te perdant,
Perdu le ſouvenir !

On peut être auſſi belle,
On peut autant charmer :
Mais qui peut autant qu'elle,
Qui peut jamais aimer ?
Félicité paſſée, &c.

Ce même air que je chante,
Que je chante en pleurant,
Avec ma jeune Amante,
Je l'ai chanté ſouvent.
Félicité paſſée, &c.

Souvent, de cette eau pure
Nous suivions les détours :
Quand j'entends son murmure,
Je songe à nos amours.
Félicité passée, &c.

Souvent j'allois l'attendre
Sous ces ormes touffus :
Elle venoit s'y rendre :
Cet heureux tems n'est plus !
Félicité passée, &c.

Voyez, dans ces asyles,
Nos chiffres enlacés ;
Dans des jours plus tranquilles,
Ma main les a tracés.
Félicité passée, &c.

Combien de fois l'aurore
Fut témoin de nos jeux !
Combien de fois encore
Le soir nous vit heureux ?
Félicité passée, &c.

Elle cessa de vivre,
Quand on nous sépara :
Mon cœur devoit la suivre ;
Rien ne me la rendra !
Félicité passée, &c.

Son image touchante
M'obsede nuit & jour :
Quand on n'a point d'Amante,
Quel poison que l'amour !
Félicité passée, &c.

Lyre tendre & plaintive !
Tes airs sont superflus :
Sur l'infernale rive,
Églé ne t'entend plus !
Félicité passée,
Qui ne peut revenir !
Tourment de ma pensée,
Que n'ai-je, en te perdant,
Perdu le souvenir !

M. Léonard

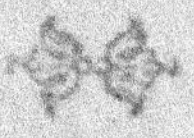

CHANSON.

Oiseaux, si tous les ans vous changez de climats,
Dès que le triste hiver dépouille nos bocages,
Ce n'est pas seulement pour changer de feuillages,
Ni pour éviter nos frimats :
Mais votre destinée
Ne vous permet d'aimer qu'à la saison des fleurs,
Et quand elle a passé, vous la cherchez ailleurs,
Afin d'aimer toute l'année.

M. DE VOLTAIRE.

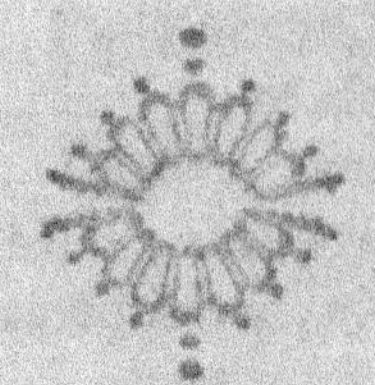

A MADAME**.

AIR : *Nous jouiſſons dans nos Hameaux.*

POURQUOI vouloir mal-à-propos
   Vous piquer de conſtance ?
Cette triſte vertu des ſots
   N'eſt plus de mode en France.
Laiſſez aux Belles du commun,
   L'honnèur d'êrre conſtante :
Vaut-il mieux n'en rendre heureux qu'un,
   Que d'en amuſer trente ?

Ces Belles dont l'antiquité
   Conſacra la mémoire,
Avec plus de fidélité,
   Auroient eu moins de gloire.
Vénus même, ſans les Amours
   Qui naiſſent ſur ſes traces,
A Paphos s'ennuiroit toujours,
   Seule avec ſes trois Graces.
           M. l'Abbé DE LATTAIGNANT.

CHANSON A BOIRE.

AIR *des Folies d'Espagne.*

Tout mon esprit, quand je ne suis point ivre,
Ne me fournit qu'un petit mot ou deux ;
Mais quand j'ai bu, je parle comme un livre
Et j'en dis plus cent fois que je ne veux.

A trop aimer, l'ame se déconcerte ;
L'on perd l'esprit & la raison qu'on a :
Mais en buvant, elle est toujours alerte ;
Et l'esprit vient, quand la raison s'en va.

COMPLAINTE

COMPLAINTE

D'une Femme a sentiment.

Air : *De mon Berger volage.*

DANS le siecle où nous sommes,
Qu'on s'aime foiblement !
L'on ne peut, chez les hommes,
Trouver de sentiment.
Tircis n'est point volage :
Mais son cœur est usé ;
Se peut-il qu'à son âge,
Un cœur soit épuisé ?

Tu jures que tu m'aimes ;
Mais c'est si froidement !
Tircis, tes fermens mêmes
Redoublent mon tourment.
Laisse le vain langage
Des fermens superflus ;
Aime-moi davantage,
Et ne le jure plus.

S

Quels destins sont les nôtres !
Pourquoi fuis-tu mes pas ?
Tu n'en aimes point d'autres :
Mais tu ne m'aimes pas.
Quand ton cœur léthargique
N'est plus sensible à rien,
Ingrat, ce qui me pique,
C'est que je sens le mien.

Comment ! rien ne ranime
Tes desirs languissans !...
Ce n'est pas que j'estime
Les vains plaisirs des sens :
Mais que ton cœur s'enflamme
Du moins par mes transports !...
Eh quoi ! même ton ame
A perdu ses ressorts !

M. COLLÉ.

LE CHOIX D'UN MARI.

AIR : *Réveillez - vous , belle endormie.*

Si vous épousez ce grand-pere ,
Savez-vous ce que vous ferez ?
Tous les jours grande & bonne chere ;
Toutes les nuits, vous jeûnerez !

Vous aurez un grand équipage ;
Tous les jours, vous ferez *flores* ;
N'en attendez pas davantage :
Les nuits ne font qu'*ad honores.*

Tous les jours, vous ferez fervie
D'un vieux conte ou d'un vieux rébus :
Bon foir & bonne nuit, ma mie !
Allez vous coucher là-deffus.

Heureufe fi de doux menfonges,
En dormant, vous font quelque bien !
Sans le bénéfice des fonges,
Philis, ne penfez plus à rien.

S 2

Que si vous choisissez pour maître,
Un mari qui soit jeune & dru,
Le jour, vous jeûnerez peut-être :
Mais la nuit, bouche, que veux-tu ?

Choisissez bien, quand on vous laisse
La liberté dans vos amours,
Tendre Beauté, dans la jeunesse,
Les bonnes nuits font les beaux jours.

HÉRO ET LÉANDRE.

AIR : *De Gabrielle de Vergy.*

JE vais vous conter l'aventure,
D'un jeune Amant né dans Seftos,
Dont la mer fut la fépulture,
Comme il nageoit vers Abidos :
Long-tems il eut le fort profpere,
Dans ce trajet fi dangereux.
Las ! il devint trop téméraire,
Pour avoir été trop heureux.

Trompant une injufte contrainte,
Et les parens & les rivaux,
Léandre, incapable de crainte,
Chaque nuit, traverfe les flots.
Héro l'attend : Héro timide,
Fait briller, du haut d'une tour,
Un flambeau qui lui fert de guide,
Allumé des mains de l'Amour.

Dieux ! quel moment, quand cette Belle,
Entre fes bras, pourra preffer
L'Amant qui s'expofa pour elle,
Et qu'il faudra récompenfer.

Il vient.... son Amante l'embrasse ;
Ce jeune Dieu vainqueur des flots,
Et le premier baiser efface
Le souvenir de ses travaux.

Il n'est point de bonheur durable ;
Telle est la loi de l'univers !
Héro, tu parus trop aimable
Aux yeux du Souverain des Mers,
Caressant une Néréide,
Il avoit vu, d'un œil jaloux,
L'Amant qui, d'un cœur intrépide,
Va chercher des plaisirs plus doux.

« Effrayons, dit-il, son audace ».
Déjà les flots sont soulevés :
Le bruit de leur courroux menace
Celui qui les a tant bravés.
Léandre, à cet aspect, balance :
Mais il songe au prix qui l'attend.
Dans l'onde aussi-tôt il s'élance.
J'en sais qui n'en feroient pas tant.

Il va luttant contre l'orage.
« O Dieu ! dit-il, qui me poursuis !
» Faut-il que mon bonheur t'outrage ?
» Je sens trop que tu m'en punis.

» Ah! s'il faut que l'onde engloutisse
» Le mortel dont Héro fit choix,
» Que Léandre, avant qu'il périsse,
» Soit heureux encore une fois »!

Hélas! sa derniere espérance,
Le fatal flambeau s'éteignit.
Il va flottant sans résistance
Dans la tempête & dans la nuit;
Et cependant, d'horreur saisie,
Héro, dans sa funeste tour,
Tremble que la mer en furie
N'ait pas épouvanté l'Amour.

Le jour renaît : pâle & craintive,
Elle s'avance en frémissant.
Les flots avoient, jusqu'à la rive,
Porté le corps de son Amant.
Héro le voit! Ames sensibles,
Que l'Amour blessa de ses traits,
Peignez-vous ces momens horribles,
Et ne les éprouvez jamais!

**

A sa douleur elle succombe;
Dans l'onde elle s'ensevelit.
L'Amour, dans une même tombe,
A Léandre la rejoignit;

S 4

Et chaque jour, sur ce rivage,
En se reprochant ses fureurs,
Neptune, à ce tombeau sauvage,
Porte le tribut de ses pleurs.

ENVOI

A MADAME ***.

Il ne faut point braver l'orage,
C'est un parti trop dangereux ;
Il vaut bien mieux, sur le rivage,
Attendre un instant plus heureux.
Mais si, pour vous, par imprudence,
J'affrontois l'humide séjour,
Je voudrois du moins l'assurance
De n'être noyé qu'au retour.

M. DE LA HARPE.

COUPLETS

Chantés devant S. A. S. Mademoiselle
de B**, qui se plaignoit du malheur d'avoir
dix-huit ans.

Air : *Je suis Lindor, &c.*

Dans ce beau jour, fais grace aux destinées :
Sans honte, on peut compter dix-huit printems.
Console-toi des outrages du tems :
Flore & l'Amour ont ce nombre d'années.

❖❖

Flore & l'Amour ont fait choix de ton âge ;
Et leur vieillesse est l'ornement des Cieux :
Reçois l'encens que l'on brûloit pour eux ;
Tu plais de même, on t'aime davantage.

❖❖

Graces, vertus, dans toi tout intéresse ;
Sur toi le sort épuisa ses présens ;
Et ton beau teint, malgré le poids des ans,
Conserve encor la fleur de la jeunesse.

❖❖

Filles du Styx, que le tems se repose,
Et qu'il s'endorme au bruit de vos fuseaux.
Hébé-Bourbon est du sang des Héros,
Et le laurier doit garantir la rose.

M. Dorat.

LA MÉTAMORPHOSE.

Air : Nous autres bons Villageois.

On file, avant d'être époux,
Le tissu de son esclavage ;
L'Amant est rampant & doux :
Le ver-à-soie est son image,
Dans ses propres nœuds renfermé,
Il devient froid, inanimé :
Mais bientôt, forçant sa prison,
Il s'envole en papillon.

M. FAVART.

A UNE DAME,

Qu i étoit malade , & qui avoit dit à l'Au-
teur que , s'il vouloit chanter , il la guériroit.

Air : *Lisette est faite pour Colin.*

Quoi ! je vous guéris en chantant !
  La recette est nouvelle :
Aussi glorieux que content
  D'une cure si belle ,
Je veux chanter à tout instant ,
  Pour vous rendre immortelle.

Orphée enleva , par son chant ,
  Sa femme au noir rivage :
Mais , pour un objet plus charmant ,
  Je fais bien davantage ,
Puisqu'en chantant auparavant ,
  J'épargne le voyage.

M. l'Abbé DE LATTAIGNANT.

L'ENFANCE.

AIR : *Au bord d'un clair ruisseau.*

JULIE est sans desir ;
C'est un bouton de rose,
Que la nature arrose,
Et dispose à s'ouvrir :
Dans son cœur sans détour,
Il n'est pas jour encore ;
Il attend, pour éclore,
Quelque rayon d'amour,

LE COUPLE HEUREUX.

AIR : *Enfans de quinze ans,*
ou Dodo, l'enfant do.

Doris & Colin sont Amans,
Et n'ont de bien que leur tendresse.
Doris & Colin sont contens,
Vont dansant & chantant sans cesse :
Une fois que l'on s'aime bien,
Tenez, on ne manque de rien.
    Aimons, aimons tous ;
    Il n'est pas de bien plus doux.

Le monde est pour eux sans attraits :
Ils trouvent la foule gênante ;
Ils n'ont pas besoin d'un palais :
Une grotte seule les tente.
Une grotte ! ah ! l'heureux séjour !
C'est tout ce qu'il faut à l'amour.
    Aimons, aimons tous ;
    Il n'est pas de bien plus doux.

La faveur que leur tendre amour
Desire du reste du monde ,
C'est de les laisser, nuit & jour ,
Dans leur solitude profonde.
Dans l'univers, pour vivre heureux ,
N'est-ce pas assez d'être deux ?
   Aimons , aimons tous ;
  Il n'est pas de bien plus doux.

Si Colin promène ses yeux
Sur les richesses de la terre ,
Colin n'en paroit envieux ,
Que pour en combler sa Bergere ;
Il donneroit , pour un baiser ,
Tout ce qu'on peut en amasser.
   Aimons , aimons tous ;
  Il n'est pas de bien plus doux.

Les roses qui flattent ses yeux ,
Le sein de Doris les recèle ;
Les parfums les plus précieux ,
Sont sur les levres de la Belle ;
Les trésors dont il est épris ,
Sont ceux qu'il dérobe à Doris.
   Aimons , aimons-nous ;
  Il n'est pas de bien plus doux.

Si Doris & Colin distraits,
Contemplent quelque fleur nouvelle;
Colin, dit-elle, est bien plus frais!
Doris, dit-il, est bien plus belle!
S'ils sont tentés de la cueillir,
C'est tous les deux pour se l'offrir.
   Aimons, aimons tous;
  Il n'est pas de bien plus doux.

Des prés & des vallons charmans,
La riante & tendre verdure,
Est, pour nos deux jeunes Amans,
Un lit dressé par la nature:
L'Amour, caché sous ce tapis,
Arrête Colin & Doris.
   Aimons, aimons tous;
  Il n'est pas de bien plus doux,

M. Rochon de Chabannes.

LA FOLIE RAISONNABLE.

AIR *de Joconde*.

JUSQU'ICI j'ai craint la raison ;
 La faute est pardonnable :
Mais Églé trouve la façon
 De nous la rendre aimable.
Sans le pouvoir de ses attraits ,
 Je serois raisonnable :
Je deviens plus fou que jamais ,
 Et je suis excusable,

LE MOINEAU DE LESBIE.

Air : *Nous sommes Précepteurs d'amour.*

Graces, pleurez ; pleurez Amours ;
Le Moineau chéri de Lesbie
Vient de finir ses heureux jours :
Les Dieux lui portoient trop d'envie.

Elle l'aimoit plus que ses yeux :
Il étoit si beau, si fidèle !
Mille baisers délicieux
L'enchaînoient toujours auprès d'elle.

❖

Si quelquefois il voltigeoit,
Un signe, la moindre caresse,
Tout aussi-tôt le ramenoit
Sur le beau sein de sa maîtresse.

❖

Mais, hélas ! cet aimable oiseau
Descend sur le sombre rivage !
Parque inhumaine, ton ciseau,
De l'Amour a détruit l'ouvrage !

❖

T

Inflexible Divinité,
Rien n'amollit ton cœur barbare;
Sous tes coups, tombe la beauté,
Dans l'affreuse nuit du Tartare.

O toi, qui faisois les plaisirs
De ma chere & tendre Lesbie !
Quoi ! tu meurs ! ses pleurs, ses soupirs,
Ne peuvent te rendre à la vie !

Oiseau, digne d'un meilleur sort,
Objet de l'amour le plus tendre,
Vois quels regrets cause ta mort,
Par les pleurs que tu fais répandre.

M. RIGOLEY DE JUVIGNY.

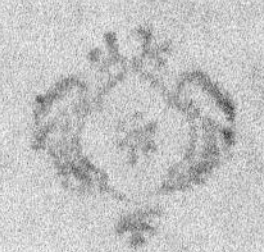

ROMANCE DE LAURE.

Air : *Que ne suis-je la fougere !*

EN s'éloignant de sa Muse,
L'Amant de Laure, en ces mots,
Du rivage de Vauclufe,
Fit retentir les échos :
Adieu, témoins de ma flamme,
Lieux charmans, heureux séjour,
Bords enchantés, où mon ame
Ne respire que l'amour.

La blancheur du teint de Laure
Est le lys de la candeur ;
La rose qui la colore
Est celle de la pudeur ;
Sa taille égale en soupleffe
Le jeune & tendre roseau,
Et, pour les cœurs qu'elle bleffe,
Ses cheveux font un réseau.

De la Nymphe la plus belle,
Veut-on vanter les attraits :
On la compare avec elle,
On dit qu'elle a de ses traits.

T 2

Veut-on flatter une Muse,
Sur la douceur de ses chants ;
On dit : Celle de Vaucluse
N'en eut pas de plus touchans.

Ce n'est point l'art qui nous touche,
Lorsqu'elle enchante nos sens ;
C'est son cœur qui, sur sa bouche,
Vient animer ses accens :
Ce cœur sensible & fidèle,
S'il peut s'enflammer un jour,
Est l'offrande la plus belle
Qu'ait encor reçu l'Amour.

Vous, qu'un fol espoir attire,
Que vous aimez foiblement!
Laure n'avoit qu'à sourire,
Pour rendre heureux son Amant.
Hélas ! sans songer à plaire,
Je me laissois enflammer,
Et ne voulois pour salaire,
Que le plaisir de l'aimer.

En répondant à mes plaintes,
Échos, vous avez appris

Quels font les vœux & les craintes
D'un cœur tendre & bien épris,
N'oubliez pas ce langage ;
Et si Laure, quelquefois,
Vient rêver sur ce rivage,
Imitez encor ma voix.

Dites-lui que de ses charmes,
Tous mes sens sont agités ;
Dites-lui que de mes larmes,
Tous mes pas seront trempés :
Ma voix ne chantera qu'elle ;
Mon souvenir ne sera
Qu'un miroir toujours fidèle,
Où l'Amour me la peindra.

Dites-lui qu'en vain les Graces
Viendroient pour me consoler ;
Que les Amours, sur mes traces,
Loin d'elle, auroient beau voler :
A leur troupe enchanteresse,
Je dirois, dans mes douleurs :
Rendez Laure à ma tendresse,
Ou laissez couler mes pleurs.

T 3

Mais si Laure m'est ravie,
Si je ne dois plus la voir,
Je perdrai bientôt la vie,
Quand j'aurai perdu l'espoir.
Puisse la parque appaisée,
Me laisser, après ma mort,
Préférer à l'Élisée
Les ombrages de la mort.

M. Marmontel.

L'AMOUR ET LES NYMPHES.

Air : *Dans un Bois solitaire & sombre.*

Auprès d'une féconde source,
D'où coulent cent petits ruisseaux,
L'Amour, fatigué de sa course,
Dormoit sur un lit de roseaux.

Les Nayades, sans défiance,
S'avancent d'un pas concerté,
Et toutes, en un grand silence,
Admirent sa jeune beauté.

Ma sœur, que sa bouche est vermeille,
Dit l'une, d'un ton indiscret !
L'Amour, qui l'entend, se réveille,
Et se félicite en secret.

Il cache ses desseins perfides,
Sous un air engageant & doux :
Les Nymphes, bientôt moins timides,
Le font asseoir sur leurs genoux.

T 4

Eucharis, Naïs & Thémire,
Couronnent sa tête de fleurs :
L'Amour, d'un gracieux sourire
Répond à toutes leurs faveurs.

Mais, bientôt, aux flammes cruelles
Qui brûlent la nuit & le jour,
Ces indiscretes immortelles
Connurent le perfide Amour.

Ah ! rendez-nous, Dieu de Cythere,
Disent-elles, notre repos !
Pourquoi le troubler, téméraire ?
Nous brûlons au milieu des eaux !

Nourrissez plutôt, sans vous plaindre,
Répond l'Amour, mes tendres feux ;
Je les allume quand je veux :
Mais je ne saurois les éteindre.

M. le C. DE B**.

PARODIE

DE LA ROMANCE DU TONNELIER,

Sur le même air.

PLUS enfant que sa poupée,
Iris, au bord d'un ruisseau,
Disposoit, pour sa pipée,
Ses lacets & son réseau ;
De surprise elle est frappée :
Dieux ! dit-elle, quel oiseau !

C'est la beauté, la jeunesse :
Mais il vole, il fend les airs.
Ah ! dit-elle avec ivresse,
S'il se prenoit dans mes sers,
Je le baiserois sans cesse :
Que ses jours me seroient chers !

Elle fuit l'enfant qui vole,
Et qui rit de ses désirs :
La jeune Iris se désole,
Et croit voir fuir ses plaisirs.

Un vieillard qui la console,
Arrête ainsi ses soupirs.

***

Belle, tremblez de l'atteindre :
C'est un dangereux vautour ;
Vous en avez tout à craindre ;
Apprenez que c'est l'Amour :
Hélas! il faudra vous plaindre,
S'il se laisse prendre un jour.

M. BRET.

LA DOUCEUR ET LA BEAUTÉ.

Air : *Réveillez-vous, belle endormie.*

Un jour, la Beauté, vaine & fiere,
Reçut avis que la Douceur
Lui difputoit l'honneur de plaire,
Et le don de parler au cœur.

Soudain, jaloufe & furieufe,
Elle porta fa plainte aux Cieux :
L'affaire devint férieufe ;
On la plaida devant les Dieux.

Auprès du tribunal célefte,
La Beauté fit un grand éclat ;
Un doux langage, un air modefte,
De l'autre furent l'Avocat.

Le Deftin, leur Juge & leur Maître,
Tout entendu, trois fois touffa ;
Puis fon bon fens fe fit connoître,
Par cet Arrêt qu'il prononça.

Sans vous deux , l'Amour ne peut être ;
Ses jours feroient mal assurés :
Vous, Beauté , vous le ferez naître ;
Vous , Douceur , vous le nourrirez.

AUX AMANS.

AIR : *Nous sommes Précepteurs d'amour.*

AIMONS , mais d'un amour couvert,
Qui ne soit jamais sans mystere :
Ce n'est pas l'amour qui nous perd,
Mais la maniere de le faire.

POUR LA FÊTE DES ROIS.

AIR : *Pour passer doucement la vie.*

LE fort tour-à-tour nous couronne,
Et nous donne une autorité
Que, sans foiblesse, on abandonne,
Comme on en jouit sans fierté.

Ainsi que le tems, le vin coule ;
Du meilleur, pour nous, on fait choix
Et c'est la la divine Ampoule,
Qui sert au sacre de nos Rois.

Tous nos jours sont des jours de fêtes :
La paix règne dans notre Cour ;
Nous n'entreprenons des conquêtes,
Que sous les drapeaux de l'Amour.

Jamais l'intérêt ne nous brouille,
Bacchus fait nous accorder tous :
Quand le sceptre tombe en quenouille,
L'Empire n'en est que plus doux.

Ce que l'on dit dans notre Empire,
Ne doit point être répété ;
On commettroit, en l'ofant dire,
Crime de leze-Majefté.

Vous régnez avec moi, ma Belle ;
Partagez des honneurs trop courts ;
Si ma couronne étoit réelle,
Vous feriez Reine pour toujours.

M. l'Abbé DE LATTAIGNANT.

L'OMBRE DE GABRIELLE,

ROMANCE.

AIR *de la Romance de Gabrielle.*

CHARMANTE Gabrielle,
Toi, si chere à nos cœurs,
Que ton ombre fidelle
Se couronne de fleurs :
Paris te rend hommage
　　En ce moment ;
Il applaudit l'image
　　De ton Amant.

Adorable Maitresse
Du plus grand des HENRIS,
Que j'aime ta foiblesse !
Combien je te chéris !
C'est trop peu qu'une Belle
　　Puisse charmer ;
Pour se rendre immortelle,
　　Il faut aimer.

Nos rives retentissent
Du nom de ton Héros ;
Ses palmes refleurissent
Sous de rians pinceaux ;
Ils semblent nous le rendre :
  Chez les François,
Un Roi gai, brave & tendre,
  Ne meurt jamais.

⁂

Que dis-je ? il ressuscite !
Il vient nous consoler !
Louis déjà l'imite,
Et veut lui ressembler :
L'ame & les soins d'un pere,
  Il les aura ;
Ce qu'HENRI vouloit faire,
  Il le fera.

M. DORAT.

A MADAME **.

AIR: *Vous l'ordonnez, &c.*

LE Dieu du Pinde & le Dieu de Cythere,
Sur vos attraits se disputoient un jour :
C'est sa beauté qu'on aime, dit l'Amour ;
C'est son esprit, dit l'autre, qui fait plaire.

❧

Hélas ! comme eux, dans un débat semblable,
Qui ne seroit embarrassé du choix ?
En vous voyant, on adore à la fois
La beauté sage, & la sagesse aimable.

❧

Belle F**, on ne peut se soustraire
Au sentiment par vous-même inspiré :
On n'en dit rien ; mais au moins sachez gré
Des longs efforts qu'on se fait pour le taire.

❧

A le dompter, on ne sauroit prétendre :
Il nous faudroit, soit dit sans vous fâcher,
Votre vertu, pour pouvoir le cacher,
Ou vos accens, pour vous le faire entendre.

M. BLIN DE SAINMORE.

V

LES CHIFFRES EFFACÉS.

Air : *Jusques dans la moindre chose.*

Sur le sable de ces rives,
Nos chiffres, par toi tracés,
Par les ondes fugitives,
Furent bientôt effacés :
Mais cet amoureux emblème,
Malgré sa fragilité,
Dura plus que l'amour même,
Qu'il avoit représenté.

M. DE P**.

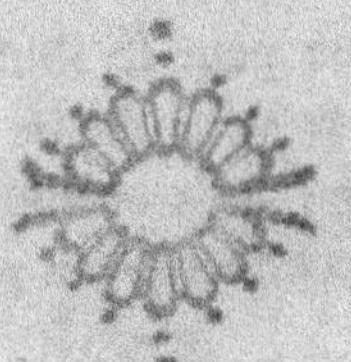

PORTRAIT.

AIR : *Nous sommes Précepteurs d'amour.*

A THÉMIRE, ne doit-on pas,
Sans héfiter, donner la pomme?
De fon fexe elle a les appas,
Et les vertus d'un galant homme.

✼✼

Sans vouloir plaire, elle en plaît mieux,
Et n'eft coquette ni farouche;
Les graces brillent dans fes yeux,
Et la vérité fur fa bouche.

✼✼

Son cœur, fenfible à l'amitié,
Eft incapable de foibleffe :
Le nom d'amour lui fait pitié,
Mais fans offenfer fa fageffe.

✼✼

Cette louange eft un encens,
Que l'on eft forcé de lui rendre :
Mais elle aime mieux, en tout tems,
La mériter que de l'entendre.

M. l'Abbé DE LATTAIGNANT.

V 2

LES AILES DE L'AMOUR.

A I R : *Nous jouiſſons dans nos Hameaux.*

C'EST le cœur même qui preſcrit
  Les loix qu'Amour impoſe ;
Le ſceptre dont il nous régit,
  Eſt un ſceptre de roſe :
Loin de reſtraindre nos deſirs
  Dans des bornes cruelles,
Pour voler après les plaiſirs,
  Il nous prête ſes ailes.

LE CHOIX.

AIR : *Dans un bois solitaire & sombre.*

C'EST l'Amour qui me fait écrire ;
C'est l'Amour qui me fait parler :
Lui-même il a monté ma lyre ;
De ses dons il vient me combler.

L'autre jour, cet aimable Maître,
Avec un sourire charmant,
Me dit : Je voudrois reconnoître
Ton zèle & ton attachement.

Choisis, de mon aile volage,
Ou de mon flambeau radieux ;
Que mon carquois soit ton partage,
Ou mets mon bandeau sur tes yeux.

Garde, Amour, ton aile légere :
Ah ! loin de vouloir voltiger,
Qu'un nouveau nœud, à ma Glycere,
S'il se peut, vienne m'engager !

V 3

Ton flambeau me seroit contraire;
Doit-on éclairer le plaisir?
Vu de trop près, il fait moins plaire,
Et satisfait moins le desir.

De ton carquois ferois-je usage?
Eh! quels traits aurois-je à lancer?
Glycere accepte mon hommage;
Je n'ai plus de cœur à blesser.

Mais si l'erreur est nécessaire,
S'il faut écarter le flambeau,
Mon choix est fait, Dieu de Cythere,
Daigne me donner ton bandeau.

M. D'ARNAUD.

L'ATTENTE.

Air : *Quand je vous ai donné mon cœur.*

LE Plaisir, couronné de fleurs,
  Vient voler fur la table ;
Il attend, pour charmer nos cœurs,
  Un moment favorable.
Belle Zéphife, où tu n'es pas,
  Pourroit-il nous féduire ?
Il a befoin de tes appas,
  Pour former fon empire.

Viens réveiller, fous cet ormeau,
  L'efprit & la faillie ;
On t'attend auprès d'un tonneau,
  Qu'a percé la Folie.
Le Champagne eft prêt à partir ;
  Dans fa prifon il fume,
Impatient de te couvrir
  De fa brillante écume.

Sais-tu pourquoi ce vin charmant,
  Lorfque ta main l'agite,
Comme un éclair étincelant,
  Vole & fe précipite ?

V 4

Bacchus en vain, dans son flacon,
  Retjent l'Amour rebelle ;
L'Amour sort toujours de prison,
  Sous la main d'une Belle.

M. le C. DE B*^s**.

A MADEMOISELLE **,

Qui demandoit un In-promptu.

A I R : *Réveillez - vous, belle endormie.*

Il feroit bientôt fait, Mélite,
Si le Dieu dont je suis la Cour,
Inspiroit les vers aussi vite,
Que vos yeux inspirent l'amour.

M. Rorov.

L'HEURE DU BERGER.

AIR *d'Alexis.*

Vous qui, de l'amoureuse ivresse,
    Fuyez la loi,
Approchez-vous, belle Jeunesse,
    Écoutez-moi.
Votre cœur a beau se défendre
    De s'enflammer ;
Le moment vient, il faut se rendre,
    Il faut s'aimer.

******

Hier, au bois, ma chere Annette
    Prenoit le frais ;
Elle chantoit sur sa musette :
    N'aimons jamais.
M'approchant alors par derriere,
    Sans me nommer,
Je dis : Vous vous trompez, ma chere ;
    Il faut aimer.

******

En rougissant, la Pastourelle
    Me répondit :
D'Amour, la fleche est bien cruelle ;
    On me l'a dit.

A treize ans, le cœur est trop tendre,
    Pour s'enflammer ;
C'est à vingt ans qu'il faut attendre,
    Pour mieux aimer.

Lors, je lui dis : La beauté passe
    Comme une fleur ;
Un souffle, bien souvent, l'efface
    Dans sa fraîcheur ;
Rien ne peut, quand elle est flétrie,
    La ranimer :
C'est quand on est jeune & jolie,
    Qu'il faut aimer.

Belle amie, à si douce atteinte,
    Cédez un peu ;
Cet Amour, dont vous avez crainte,
    N'est rien qu'un jeu.
Annette soupire, & commence
    A s'alarmer :
Mais ses yeux m'avoient dit d'avance :
    Il faut aimer.

L'air étoit frais, l'instant propice,
    Le bois touffu :
Annette fuit, le pied lui glisse ;
    Tout est perdu.

L'Amour, la couvrant de son aile,
  Sut l'animer :
Hélas ! je vois trop, me dit-elle,
  Qu'il faut aimer !

Les oiseaux, témoins de l'affaire,
  Se baisoient mieux ;
L'onde, plus tard qu'à l'ordinaire,
  Quittoit ces lieux ;
Les roses s'empressoient d'éclorre,
  Pour embaumer ;
Et l'écho répétoit encore :
  Il faut aimer.

M. le Chevalier DE P**.

COUPLET.

AIR *de Joconde.*

SI Tircis alloit deviner
  Combien il m'intéresse,
Je ne pourrois me pardonner
  L'excès de ma foiblesse.
Hélas ! contraignez-vous, mes yeux ;
  Vous avez l'air trop tendre :
Mon cœur, taisez bien tous mes feux ;
  Un soupir peut s'entendre.

Madame DE CASSINI.

LA FUITE INUTILE.

A I R : *Des simples Jeux de mon enfance.*

L'AUTRE jour, j'apperçus Lisette,
Triste, & déjà loin du hameau,
Avec panetiere & houlette,
Mais sans son chien, ni son troupeau.
Je lui dis : Où vas-tu, la Belle,
Avec l'air de te défoler ?
Je fuis l'Amour, me répond-elle,
Et si loin, qu'il n'y puisse aller.

Ton erreur, lui dis-je, est extrême ;
Un vain dépit te fait la loi ;
Ton cœur te fuit : si ton cœur aime,
L'ennemi voyage avec toi.
Reviens parmi nos pastourelles,
Si tu n'as pas d'autres secours :
Le Dieu que tu fuis a des ailes :
Il te rattraperoit toujours.

M. DORAT.

LE SOUVENIR.

AIR : *Dans un Bois solitaire & sombre.*

DE nos jours remplissons l'espace,
Au gré de nos plus chers desirs ;
La vie est un instant qui passe :
Il faut le donner au plaisir.

Au soir ténébreux de la vie,
Si le cœur doit se reposer,
Puissé-je encor chanter, Sylvie,
Le trait dont tu sus me blesser.

Que ton souvenir me console
Des beaux jours que j'aurai perdus :
Quand l'âge du bonheur s'envole,
On vit dans l'âge qui n'est plus.

M. LÉONARD.

LA GUÉRISON DANGEREUSE.

AIR : *Sur un soupçon trop incertain.*

J'AVOIS chanté le Dieu d'Amour ;
Mes accords avoient su lui plaire :
O Daphnis, me dit-il un jour,
Qu'exiges-tu pour ton salaire ?
Je veux, lui dis-je, être amoureux :
Mais je hais les Amans fidèles.
Amour, Amour, pour être heureux,
Je n'ai besoin que de tes ailes.

Zilla, sur l'heure, à mon côté,
Vint offrir son joli corsage ;
L'Amour reprit sa liberté,
Et je rentrai dans l'esclavage.
De mes vœux, l'Amour s'offensa :
La Beauté punit mon offense.
Cœurs inconstans, fuyez Zilla :
Zilla guérit de l'inconstance.

M. IMBERT.

A THÉMIRE.

AIR : *Nous jouissons dans nos Hameaux.*

N'AURIEZ-VOUS pas, dans votre cœur,
  Gardé quelque étincelle
De ce feu dont pour moi, l'ardeur
  Devoit être éternelle ?
Quoi ! l'auriez-vous laissé mourir ?
  Non, je ne puis comprendre
Qu'un si beau feu puisse finir....
  Eh ! remuons-en la cendre !

LE PARADIS DE MAHOMET.

AIR : *Il faut aimer, c'est la loi de Cythere.*

O MAHOMET ! ton Paradis des Femmes
Est le séjour de la félicité !
C'est le vrai bien qui convient à nos ames ;
Sans les Amours, qu'est l'immortalité ?
O Mahomet ! ton Paradis des Femmes
Est le séjour de la félicité !

Prés émaillés de mille fleurs nouvelles ,
Vous le cédez à l'éclat de ces lieux :
Voilà les fleurs, les roses les plus belles !
Faut-il, hélas ! n'en jouir que des yeux ?
O Mahomet ! &c.

En contemplant le cercle de ces Dames ,
Au rang des Dieux , je me crois transporté :
L'émotion qui passe dans nos ames
Est le garant de leur Divinité.
O Mahomet ! &c.

X

Aimons, buvons : que notre sang bouillonne,
Tout agité par ce double transport ;
Que chacun tombe aux pieds de sa patronne :
Mais que l'Amour l'en releve d'abord.
O Mahomet ! &c.

Quel changement dans tout tant que nous sommes,
Si vous cédez à l'ardeur de nos feux !
Vous ne voyez en ces lieux que des hommes :
Un peu d'amour, vous y verrez des Dieux.
O Mahomet ! ton Paradis des Femmes,
Est le séjour de la félicité.

M. ROCHON DE CHABANNES.

A DEUX JOLIES FEMMES,

Qui se querelloient souvent.

AIR : *Nous jouissons dans nos Hameaux*

VOUS partagez entre vous deux
    L'Empire de Cythere,
Et vous avez reçu des Dieux
    Tout ce qu'il faut pour plaire,
Contentes d'un destin si doux,
    Régnez d'intelligence,
Et, pour votre honneur, aimez-vous,
    Du moins en apparence.

Pour vous aimer sincerement,
    Vous êtes trop aimables ;
L'une envers l'autre, à tout moment,
    C'est être trop coupables :
Pour inspirer de tendres feux,
    Vos graces sont égales,
Et vous êtes bien, toutes deux,
    Dignes d'être rivales.

M. l'Abbé DE LATTAIGNANT.

X 2

A ZÉLIS.

Air : *Le jeune Berger qui m'engage.*

Du Dieu qui fait que l'on soupire,
Cessez d'appréhender les feux ;
Zélis, on a tort de vous dire
Qu'il rend tous les cœurs malheureux.
On peut, à ses ardeurs divines,
Céder sans de fâcheux retours :
Quoique la rose ait des épines,
On ne s'y pique pas toujours.

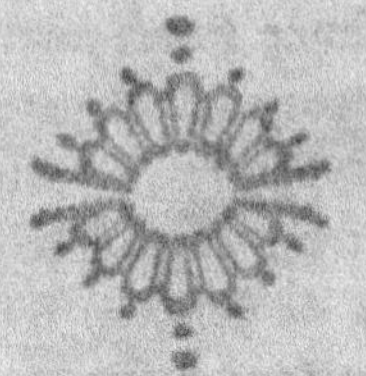

A L'OREILLER DE GLICERE.

AIR : *Nous sommes Précepteurs d'amour.*

RÉVÈLE tes secrets au jour,
Oreiller foulé par Glycere,
Duvet, plumage de l'Amour,
Ou des colombes de sa mere.

Ne me dis pas ce que l'on voit,
Quand sa main, quand Zéphir entr'ouvre
Le lit heureux qui la reçoit,
Ou l'heureux voile qui la couvre,

Ne me dis pas ce que l'on sent,
Quand sa bouche voluptueuse
Baise le tissu caressant
Qui presse ta plume amoureuse.

Va ! quand l'Amour, à tes portraits,
Prêteroit sa bouche divine,
Tous les appas que tu peindrais,
Vaudroient-ils ceux que je devine ?

X 2

Dis-moi plutôt, dis-moi comment
Et combien de fois ta Maîtresse
Répète ces doux mots d'Amant,
Et de plaisir & de tendresse.

Dis-moi plutôt combien de pleurs
Baignent le lin qui te décore,
Quand, par hasard, j'orne de fleur
Le sein de Néris ou d'Aglaure.

L'autre jour, j'obtins un baiser :
Elle me dit : « Tu vois ! je t'aime !
» Tu peux.... mais garde-toi d'oser,
» Et défends-moi contre moi-même ».

Ivre d'amour & de desir,
Je respectai son innocence ;
Je n'ai perdu que le plaisir,
Et j'ai conservé l'espérance.

Un baiser charma nos adieux ;
Tu la vis bientôt, solitaire,
Attendre, sur son lit oiseux,
Un pavot doux & salutaire.

Tu la vis , fortuné cousin !
Hélas ! dis-moi , soupiroit-elle ?
Sentois-tu palpiter son sein ,
Emprisonné sous la dentelle ?

La Beauté seule , entre deux draps ,
Est moins timide & plus émue :
Son ame , ainsi que ses appas ,
Entre deux draps , est presque nue.

Mille autres , oreiller charmant ,
A tes secrets peuvent prétendre :
Mais , crois-moi , dans ce peuple Amant ,
Le plus aimable est le plus tendre.

Hélas ! tu ne m'as jamais vu :
Puisses-tu quelque jour m'entendre !
Peut-être mon nom t'est connu ;
Ma Glycere a pu te l'apprendre.

Oh ! quand pourrai-je , près de toi ,
Dans mes bras , la voir moins farouche ,
Me peindre le plus doux effroi ,
Et se rassurer sur ma bouche ?

X 4

Hier, je lui serre la main :
Son œil s'anime, elle soupire,
Puis elle dit : « Reviens demain » ?
Rougit, pâlit & se retire.

Dieux, en croirai-je un doux espoir ?
Est-ce mon bonheur qu'elle annonce ?
Cher oreiller, j'irai ce soir,
Près de toi, chercher sa réponse.

M. GROUVELLE.

LE SOUHAIT.

AIR : *Sortez de vos retraites.*

SERIN je voudrois être,
Pour fêter, dans mes chants,
Les beaux jours que font naître
Thémire & le Printems,
Pour la suivre au bocage,
Voler sur son chemin,
Ou, de peur de la cage,
Me sauver dans son sein.

Là, je lui fais deux roses,
Que j'irois becqueter ;
Pour ses levres mi-closes,
Il faudroit les quitter ;
Ne fâchant, auprès d'elle,
Où fixer mon desir,
Chaque vol infidéle
Me vaudroit un plaisir.

Dans ces doux exercices,
Je passerois le tems,
Entouré de délices,
Sans prévoir les tourmens ;

Puis le soir, avec l'ombre,
J'irois, ivre d'amour,
Conter à la nuit sombre
Tous les plaisirs du jour.

M. DORAT.

A UNE JOLIE FEMME,

QUI vouloit que l'Auteur fît un Couplet sur ses Genoux.

AIR : *Triste raison, &c.*

SUR vos genoux, ô ma belle Eugénie,
A des Couplets, je songerois en vain :
Le sentiment vient troubler le génie,
Et le pupitre égare l'Écrivain.

M. FRANÇOIS DE NEUF-CHATEAU.

LE VER-A-SOIE.

Air *de Joconde*.

AImable & tendre vermisseau,
  Qui passez votre vie
A filer votre heureux berceau,
  Sous les yeux de Sylvie,
Ménagez le feuillage vert,
  Que sa main vous présente,
Laissez-nous rêver à couvert
  Au mal qui nous enchante.

◆◆

C'est par la chaleur de son sein,
  Qu'Amour vous fit éclorre :
Est-il un plus heureux destin?
  Que vous faut-il encore ?
J'aurois tous les Dieux pour rivaux,
  Auprès de ma Bergere,
Si, comme vous, par mes travaux,
  J'avois l'art de lui plaire.

◆◆

De votre tissu précieux
  Vous nous cachez la trame :
Ainsi je dérobe à ses yeux
  Le secret de mon ame.

Mon cœur, de sa tendre prison
  Trouve en vous le modèle :
Mais vous deviendrez papillon,
  Et je serai fidèle.

A MADAME **.

AIR : *De tous les Capucins du monde.*

Oui, mon adorable Thémire,
J'apperçois sans cesse & j'admire
Des graces dans vos mouvemens,
Dans vos moindres faits des miracles ;
Vos regards sont des sentimens,
Et vos discours sont des oracles.

M. l'Abbé DE LATTAIGNANT.

LE LEVER DE L'AURORE.

AIR : *Nous sommes Précepteurs d'amc.*

QUEL spectacle qu'un beau matin,
Répétoit Lucette à sa mere !
Que j'aime à voir un ciel serein,
Que, par dégré, l'aurore éclaire !

❖❖

Les oiseaux volent au devant,
La célébrant par leur ramage,
Comme un peuple fidéle attend
Son Souverain à son passage.

❖❖

Aussi, dès la pointe du jour,
De son lit s'échappoit Lucette,
Rapportant toujours, au retour,
Quelques plis à sa colerette.

❖❖

On disoit qu'un Zéphir badin
S'étoit joué dans sa parure ;
Il n'est que lui, qui, si matin,
Soit éveillé dans la nature.

❖❖

Ce Zéphir est bien attrayant,
Se disoit la maman sévere !
La fille un jour part ; à l'instant,
Tout doucement la suit sa mere.

Dans un réduit bien ténébreux,
La petite court voir l'Aurore ;
Et ce Zéphir si dangereux,
Est un beau Garçon qu'elle adore.

On conçoit bien, en pareil cas,
Le bruit qu'une maman peut faire !
Eh ! mais ! d'où vient tout ce fracas,
Dit Lucette, d'un ton sincere ?

Le soleil a plus de splendeur,
Observé d'une grotte obscure ;
Et Monsieur est un Amateur :
Nous étudions la nature.

M. Le Prieur.

ROMANCE.

A I R : *Défiez - vous sans cesse.*

O MA tendre musette !
Musette des Amours !
Toi, qui chantois Lisette,
Lisette & les beaux jours !
D'une vaine espérance,
Tu m'avois trop flatté :
Chante son inconstance
Et ma fidélité.

C'est l'Amour, c'est sa flamme
Qui brille dans ses yeux :
Je croyois que son ame
Sentoit les mêmes feux :
Lisette, à son aurore,
Respiroit le plaisir.
Hélas ! si jeune encore,
Sait-on déjà trahir ?

Sa voix, pour me séduire,
Avoit plus de douceur ;
Jusques à son sourire,
Tout en elle est trompeur.

Tout en elle intéresse ;
Et je voudrois, hélas !
Qu'elle eût plus de tendresse,
Ou qu'elle eût moins d'appas.

O ma chere musette,
Console ma douleur !
Parle-moi de Lisette ;
Ce nom fait mon bonheur !
Je la revois plus belle,
Plus belle chaque jour ;
Je me plains toujours d'elle,
Et je l'aime toujours.

M. de la Harpe.

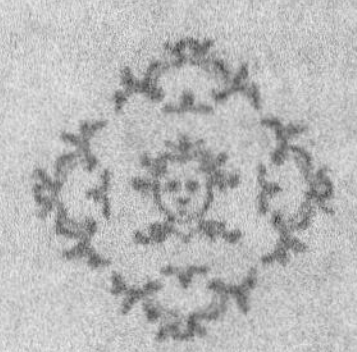

QUINZE

QUINZE ANS.

AIR : *Des simples Jeux de mon Enfance.*

QUINZE ans !... Thémire, ô le bel âge !
Des doux plaisirs, c'est la saison ;
De tes quinze ans, fais bon usage :
A quinze ans, l'Amour fait moisson.
Avant quinze ans, une Bergere
Est du nombre encor des enfans ;
Il faut avoir quinze ans pour plaire :
On n'est point belle avant quinze ans.

A quinze ans, finit la culture :
Le bouton alors devient fleur :
C'est à quinze ans que la nature
Parle à nos sens, nous donne un cœur.
A cinq ans, on verse des larmes ;
A dix, font les jeux innocens ;
A douze, les tendres alarmes :
Mais, pour aimer, il faut quinze ans.

M. MARESCHAL.

Y

LE LENDEMAIN.

Air : *Réveillez-vous, belle endormie.*

Dieux ! j'avois cru Lycas sensible ;
Je craignois pour lui le malheur ;
Et, je le vois, son cœur paisible
Ne sent pas même le bonheur.

Madame DE S**.

RONDE DE TABLE.

Air *du Prévôt des Marchands.*

MESSIEURS, chantez tous, avec moi,
Celui qui donne ici la loi :
Quand il sert de ce jus d'automne,
Son plaisir dans ses yeux se voit ;
Il est charmé, quand il en donne ;
Il est charmant, quand il en boit.

Quand il sable un nectar si doux,
Et qu'il nous en fait boire à tous,
A ce plaisir il s'abandonne ;
Il en fait prendre, il en reçoit.
Il est charmé, &c.

Il verse de la même main
Ses bienfaits, ainsi que son vin ;
Et sa bonté tendre assaisonne
Les biens, le vin qu'on en reçoit.
Il est charmé, &c.

Y 2

Aux plaisirs de la table, il joint
Ceux dont je fais mon second point ;
Au cœur d'une jeune personne ,
Par ce nectar, il va tout droit.
Il est charmé, &c.

Par un salut universel ,
Célébrons ce charmant mortel ;
De nous il est tems qu'il reçoive
Le bachique honneur qu'on lui doit.
Il est charmé que l'on en boive ;
Il est charmant, quand il en boit.

M. COLLÉ.

A MADAME **,

Qui dansoit au Bal.

AIR : *Nous jouissons dans nos Hameaux.*

OUI, la Muse pleine d'appas
  Qui préside à la Danse,
A dû former les premiers pas
  Qu'essaya ton enfance.
Oui, la Déesse du Printems,
  Te donnant sa parure,
T'apprit à courir dans nos champs,
  Sans fouler la verdure.

✤

Telle Flore, au soir d'un beau jour,
  Fuit devant le Zéphire,
S'arrête, &, d'un œil plein d'amour,
  Vient encor lui sourire.
Mais si, de tes regards charmans,
  Flore avoit le langage,
Zéphir, des volages Amans
  Ne seroit plus l'image.

✤

Ah ! Dieu ! que de légéreté ,
  De grace & de foupleffe !
C'eft l'abandon , c'eft la gaité
  De l'Amour qui careffe.
Amis , répandons fur fes pas
  Les fleurs de nos prairies :
Les fleurs , fous fes pieds délicats ,
  Ne feront point flétries.

Le cœur le moins fait pour aimer
  Te feroit-il rebelle ?
De tant d'attraits faits pour charmer ,
  Le moindre eft d'être belle.
Ta fille feule , avec le tems ,
  Peut être ton égale ;
Jufqu'au jour qu'elle aura quinze ans ,
  Ne crains point de rivale.

A MADEMOISELLE DE SAINT-S**,

AIR: *Pour la Baronne.*

Adélaïde
Semble faite exprès pour charmer,
Et mieux que le galant Ovide,
Ses yeux enseignent l'art d'aimer
        Adélaïde.

✳✳

D'Adélaïde,
Ah ! que l'empire semble doux !
Qu'on me donne un nouvel Alcide :
Je gage qu'il file aux genoux
        D'Adélaïde.

✳✳

D'Adélaïde
Fuyez le dangereux accueil ;
Tous les enchantemens d'Armide
Sont moins à craindre qu'un coup-d'œil
        D'Adélaïde.

✳✳

Y 4

    D'Adélaïde ,
Quand Amour eut formé les traits ;
Ma foi ! dit-il , la Cour de Gnide
N'a rien de pareil aux attraits
    D'Adélaïde.

⁂

    Adélaïde ,
Lui dit-il , ne nous quittons pas ;
Je suis aveugle , sois mon guide :
Je suivrai par-tout pas-à-pas
    Adélaïde

M. Marmontel.

LE CHOIX DIFFICILE.

Air : *Réveillez - vous , belle endormie.*

Entre le vin & la tendresse ,
Je ne saurois faire de choix ;
Je ne puis vivre sans Maîtresse ,
Et je me meurs , si je ne bois.

Chacun d'eux m'anime & m'engage ;
Le plaisir en est différent :
Iris m'en donne davantage ,
Bacchus m'en donne plus souvent.

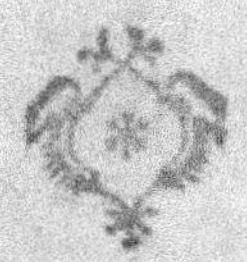

LA COMPENSATION.

AIR : *Vous , qui du vulgaire stupide.*

FAISONS l'amour , faisons la guerre :
Ces deux métiers sont pleins d'attraits ;
La guerre au monde est un peu chere ;
L'amour en rembourse les frais.
Que l'Ennemi , que la Bergere ,
Soient tour-à-tour serrés de près !
Quand on a dépeuplé la terre ,
Il faut la repeupler après.

M. le Chevalier DE B***

LE PREMIER JOUR QU'ON AIME.

AIR *de Joconde.*

J'AVOIS à peine dix-sept ans,
   Que je brûlois pour Nice ;
Nice avoit vu dix-neuf printems,
   Et n'étoit point novice.
J'aimois pour la premiere fois ;
   Nice pour la troisieme :
Mais est-on maitre de son choix,
   Le premier jour qu'on aime ?

J'étois amoureux comme cent :
   Nice me parut belle ;
Au récit de mon feu naissant,
   Nice fit la cruelle.
De mépris elle fut armer
   Ses yeux, son maintien même :
En faut-il plus pour alarmer,
   Le premier jour qu'on aime ?

J'osai m'écrier cependant :
   » Nice, daignez m'entendre »!
» Non, reprit-elle en minaudant,
   » Non, cessez d'y prétendre ».
J'en conviens : ce froid inoui
   Me mit hors de moi-même :
Sait-on que non veut dire oui,
   Le premier jour qu'on aime ?

Que j'étois fou d'appréhender
   Cette aimable colere !
On s'obstinoit à me gronder :
   Mais on ne fuyoit guere.
Nice ne gronda point toujours ;
   C'étoit un stratagême :
Mais connoit-on tous ces détours,
   Le premier jour qu'on aime ?

Bientôt un souris caressant
   Dissipa cet orage :
Du calme qui vint renaissant,
   Un baiser fut le gage :
Lui seul suffit pour m'embrâser ;
   Mon plaisir fut extrême :
Qu'on sent bien le prix d'un baiser,
   Le premier jour qu'on aime !

D'abord, en avouant mon feu,
    Un mot étoit un crime :
Quand je fus bien loin de l'aveu,
    Tout parut légitime. . . ,
On convaincroit, dans ces momens,
    L'innocence elle-même :
L'on est bien fort en argumens,
    Le premier jour qu'on aime.

M. Bonnier de Layens.

IN-PROMPTU

A UN AUTEUR,

Qui, piqué de quelques mauvais succès, vouloit
se venger du Public par un Ouvrage qui,
disoit-il, resteroit.

AIR : *Pour la Baronne.*

Chez son Libraire,
Un Auteur mécontent juroit,
De composer, dans sa colere,
Un Ouvrage qui resteroit.....
Chez son Libraire.

ROMANCE.

AIR : *Quoi ! ma Voisine , es-tu fâchée ?*

LISON guettoit une fauvette
    Dans un buisson ;
Tout auprès , l'Amour , en cachette ,
    Guettoit Lison.
L'oiseau s'enfuit : l'autre , surprise
    Par un Amant ,
Au trébuchet se trouva prise ,
    Ne sais comment.

« Laissez-moi rejoindre ma mere
    » A la moisson.
» — Il me faut deux baisers , ma chere
    » Pour ta rançon ».
La Belle fit , pour se défendre ,
    Un mouvement :
Mais Lucas eut l'air de les prendre ,
    Ne sais comment.

» Je sens la volupté secrete
    » D'un baiser pris :
» Mais ceux que donne une fillette
    » Ont plus de prix

Lison soupire & s'abandonne
    Au sentiment,
Reprend les baisers, les lui donne,
    Ne sais comment.

» Que je prenne encor cette rose
    » Sur ton beau sein !
» Non, finissez, non, je m'oppose
    » A ce larcin ».
Elle s'opposa, la pauvrette,
    Si tendrement,
Qu'on lui prit la fleur sur l'herbette,
    Ne sais comment.

M. BERTIN.

A MADEMOISELLE.

AIR : *Vous, qui du vulgaire stupide.*

LA lueur la plus mensongere
D'un espoir qui flatte mes vœux,
Est, pour mon ardeur téméraire,
Un aliment bien dangereux :
Ce sont tes rigueurs que j'implore ;
Mon cœur, malgré ta cruauté,
N'aura que trop de peine encore
A conserver sa liberté.

M. DE B***

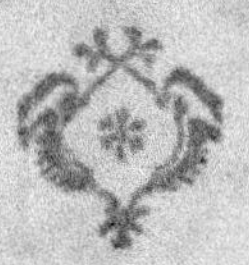

Z.

L'AMOUR ET L'HYMEN.

AIR : *Jusques dans la moindre chose.*

GARDE-TOI, pour Isabelle,
Dit l'Hymen, de soupirer ;
Elle va m'être fidelle :
Car je l'en ai fait jurer.
Tu me causes peu d'ombrage,
Répond l'Amour en riant ;
J'aurai sur toi l'avantage :
Car j'ai son premier serment.

M. DE SAUVIGNY.

LA FEINTE DIFFICILE.

AIR : *Dans ma Cabane obscure.*

DANS ce bois solitaire,
Tout invite à l'amour ;
Son ombre fait me plaire,
Plus que l'éclat du jour ;
Son silence m'attire ;
Tout semble m'y charmer ;
Sans objet, j'y soupire
Du seul besoin d'aimer.

Je suis à mon aurore ;
Mon cœur cherche à jouir
D'un bonheur que j'ignore,
Et semble m'avertir :
Tircis dit qu'il m'adore,
Et qu'il sera constant :
Je n'aime pas encore :
Mais Tircis est charmant.

Il vient, & de sa flamme
Il va m'entretenir :
Ah ! je sens que mon ame
Est prête à s'attendrir !

Z 2

Fuyons, j'ai trop à craindre ;
Je sens, à ma langueur,
Qu'en vain je voudrois feindre
Le secret de mon cœur.

Madame DE CASSINI.

SUR UN SOUFFLET.

AIR *du Vaudeville d'Épicure.*

IL est beau, sans doute, ô ma Flore,
De punir le rapt d'un baiser :
Mais ne vaut-il pas mieux encore
S'en défendre que s'en venger ?
Ah ! de cette foible vengeance,
Un cœur jaloux est peu touché :
Au risque de la pénitence,
Qui ne commettroit le péché ?

*M. B**.*

CHANSON A BOIRE.

AIR : *De tous les Capucins du monde.*

DE Bacchus la veine est glacée ;
Amis, la mode en est passée :
Moi, je veux la ressusciter ;
En deux mots voici mon histoire :
Je veux, si l'on me fait chanter,
Ne chanter que Chansons à boire.

L'utile joint à l'agréable,
Je le trouve à chanter à table :
Car je tiens du Docteur Isoif,
Qui vaut bien le Docteur Grégoire,
Que chanter fait naître la soif,
Et c'est la soif qui nous fait boire.

Triste vertu que l'abstinence !
Nous n'en avons plus d'autre en France ;
Chez ces Buveurs trop circonspects,
Le pauvre Amour languit sans gloire :
Cœurs & gosiers sont toujours secs ;
On sait aimer comme on sait boire.

Z 3

Nos aïeux étoient véridiques :
Nous sommes faux & politiques ;
De l'homme, on ne voit plus sortir
Que mensonge & trahison noire :
Il aimeroit moins à mentir,
S'il aimoit un peu plus à boire.

Après les travaux militaires,
Quand deux Plénipotentiaires
Veulent voir la guerre finir,
Ils ont beau signer leur grimoire ;
Cet accord ne sauroit tenir :
Ils se quittent toujours sans boire.

Jadis, par de saints hécatombes,
Les Romains honoroient leurs tombes :
Dieu proscrivit ce culte vain ;
Je n'ai pas de peine à le croire :
Leurs Prêtres répandoient le vin :
Ne valoit-il pas mieux le boire ?

Dieu ! quand viendra la fin du monde,
S'il faut que le ciel nous inonde,
Fais que ce soit de flots de vin !
L'eau pure terniroit ta gloire ;
Et si le monde meurt enfin,
Ne le fais pas mourir sans boire.

M. IMBERT.

LE PORTRAIT DES MARIS.

AIR *des Trembleurs.*

UN Amant léger, frivole,
D'une jeune enfant raffole ;
Doux regard, belle parole,
Le font choisir pour époux.
Soumis quand l'hymen s'apprête,
Tendre le jour de sa fête,
Le lendemain il tient tête...
Il faut déjà filer doux.

Si-tôt que du mariage
Le lien sacré l'engage,
Plus de vœux, pas un hommage ;
Plaisirs, talents, tout s'enfuit :
En vertu de l'hyménée,
Il vous gronde à la journée,
Bâille toute la soirée,
Et Dieu sait s'il dort la nuit !

Sa contenance engourdie,
Quelque grave fantaisie,
Son humeur, sa jalousie,
Oui, c'est là tout votre bien ;

Z 4

Et pour avoir l'avantage
De refter dans l'efclavage ;
Il faut garder au volage
Un cœur dont il ne fait rien.

*Madame la Marquife DE LA F****

TABLE

ALPHABÉTIQUE

DES

CHANSONS

CONTENUES DANS CE VOLUME,

A

F

G

I

J

L

P

Q

R

S

T

Fin de la Table.